Wolfgang Haak

Wort land schaften

Kommanditgesellschaft in Frankfurt am Main, 2024

www.dielmann–verlag.de

Gestaltung, Coverabbildung und Satz:
Urs van der Leyn, Basel
Gesamtherstellung:
Druckerei Conte, Stankt Ingbert

ISBN 978 3 86638 386 9

Wortlandschaften *Prosa-Gedichte von*

Wolfgang Haak

axel dielmann – verlag

Kommanditgesellschaft in Frankfurt am Main

Inhaltsverzeichnis

Ständiger Aufenthalt *9*
Schnappschuß, 2020 *10*
Veilchenzeit *11*
Schwanensee, Belvedere *12*
Interludium Ettersberg *13*
Nebelbank bei Buchfahrt *14*
Ringelsocken *15*
Wortlandschaft *17*
Birke *18*
Spazierengehen mit M. *19*
Verzweigung *21*
Ausflug zurück *22*
Zwischen Jena und Kunitz *23*

Ortswechsel *25*
Limerick *26*
Tearoom bei Regen *26*
Schornsteine *27*
Der Fluß *28*
Hinter dem Hunt-Museum *29*
Spaziergang *30*
Peoples Park *31*
Bei Mitchelstown *32*
Bonner Elegie *34*
Nürnberger Rauch *35*
Der Niesen, 2020 *38*
Regen in Chemnitz *39*
I Scheinwerfer *39*
II Nächstenliebe *40*

III Flut 41
IV Rattenfänger 42
V Ölzweig 43
Transit Suhl 44
Turmbesteigung Hradschin 45
Grober Regen, Luzern 46
Dresden, zwei Ansichtssachen 47
I Türme 47
II Schwerkraft 48
Café Slavia 49
Turm zu Stolpe 50
Dechower Texte, August 2018 51
I Gegen Morgen 51
II Schlußakkord 52
III Dechower Kadenz 53
IV Sommergedicht nach Klabund 54
V Nolde-Ausstellung in Lübeck 55
VI Birkenallee 56
Rom, violett 57
Mainschleife 58
Selbst in der Provence 60
I Stachel 60
II Distel 61
III Motten 62
IV Distelfalter 63
Sörenberger Sonett 64

Elementarteile **65**
Rinde 66
Wolken 67
Geduld der Steine 68
Sand 69

Im Archiv der Stille 70
Schreibtisch 71
Laub 72
Stein 73
Birke 74
Felsen 75
Kirschen 76
Staub 77
Schneckenhäuser 78
Felsen am Meer 79
Kunstblumenstilleben 80

Sieben Notate über dem Schatten der Elsbeere 81
Elsenlöckchen 82
Pfahlwurzel 83
Jahresringe 84
Sorbus torminalis 85
Schattenwurf 86
Lied 87
Kontertanz 88

Kammermusik 89
Landschaft mit Zugabe 90
Singstimmen 01
Vier Episoden Margarete betreffend 92
I Tauben 92
II Brandmauer 93
III Tonleiter 94
IV Wiegenlied 95
Pirol bei Kaatschen, Mai 2019 96
Orpheus in der Muschelnische 97

Finales Wortspiel *98*
Abendlied *99*
Chopin, Sonate Nr. 3 h-Moll op. 58, IV. *100*
Finale: Presto, ma non tanto, agitato

Beweisaufnahme ***101***
I bis XX *102*

Über den Autor Wolfgang Haak ***109***

Es folgt Band II

Ständiger Aufenthalt

Schnappschuß, 2020

März in Weimar. Eine Linde regungslos unter der Wolkenlast des Universums, wo viel Platz ist für flüchtige Gebilde. Kein Feuerwerk des Frühlings in Sicht, nur der Abglanz auf überjährigen Hagebutten und Schlehen. Käme ein Komet in der Form eins Dodekaeders um die Ecke, er könnte die Stadt nicht erwecken. Hoffnung auf die Ankunft der Mauersegler und die Durchseuchung der Bürgerschaft. Drei Maskierte tauchen auf, die Heilkraft von Lavendel, Weihrauch und Myrrhe verkündend. Augen zu, allen Wetterwarnungen zum Trotz. Daheim ist daheim in Weimar, der Stadt, die sich im Kernschatten der eigenen Bedeutung verfangen hat. Wasserströme die Rinnsteine hinab, ein Gurgeln in den Fallrohren, Morsezeichen tropfenweise ins Faß gezählt. Das ist so und wird immer bleiben. Längst sind Demütigungen und Verluste ins Trockene gebracht und frisch desinfiziert. Denn euch fehlt die Gabe, jedem, der euch vertraut, hilfreich und tröstlich zu sein. Bleiben Infektionskurven, der Rost auf dem Stacheldraht und alle Feigheit der gültigen Stunden. Nietzsche als Superstar, Goethe und die Homosexualität, Schiller im Schatten der Pomologie. Trotzdem ist immer was los. Verirrte Touristen frieren unter Regenschirmen mit dem Salve-Gruß unterm Arm. März in Weimar also: ein luxuriöses Quarantänezentrum von der Ilm durchflossen. Aber die Linde träumt allen Falschmeldungen zum Trotz davon, einst mit blanken Blättern regungslos im Sonnenschein zu stehen. Bleibt die Sehnsucht der Propheten und Bürger nach dem Sosein, wie es nie war, wenn der Komet vorüber ist, und ein Hauch von Lavendel, Weihrauch, Myrrhe und jetzt auch Bratwurst durch die Gassen zieht.

Veilchenzeit

Ich dachte an die letzten Wörter, die unreinen gegen den Märzhimmel gespien und an das aussätzige Gras, das über Schrunden und Risse wuchs, aus denen ein Geflüster tönte, das auf das Gurgeln eines Baches zu antworten schien. Ich folgte den Abdrücken von Fährten im Sandstein der unteren Trias, an meinem Hirn nagend wie an einem trocknen Kanten Brot, weil mir die Namen von Bäumen, Menschen und Vögeln nicht mehr einfallen wollten. Zum Trost suchte ich im hohen Niveau nach dem roten Sand mit Drusen von Bitterspat. Vergeblich! Auf der Anhöhe erwartete mich dafür ein Ausblick mit dem Kirchturm von Thalbürgel im Goldenen Schnitt, Jena hinter mir im lieblichen Grund unter dem Schutt von Erinnerungen verborgen. Aber eigentlich hatte ich mich verirrt in dem Geflecht aus geschliffenen Pflaumenbaumalleen und asphaltierten Feldwegen. Hier sang die Goldammer. Was hatte ich an diesem Ort verloren, wo früher Müllhalden brannten und heute der exotherme Untergrund Eigenheime heizte. Parken verboten! Hier wache ich! Die Landschaft berührte mich noch immer, wie einst die Ahnen, die nach Jahren des Werdens, Jahren des Seins und Jahren des Vergehens hier standen wie ich heute. Endlich übern Berg weg, ging es nur noch bergab, bis sich der Boden zwischen zwei Schattenlagen öffnete, wo sich die vier Elemente untereinander veränderten, wie die Töne den Rhythmus ändern und doch den Klang halten. Mittendrin versuchte ein kleines Nest erster Veilchen zu blühen. Ich hielt inne und bedachte, daß der Tag des Herrn aber kommen wird wie ein Dieb.

Schwanensee, Belvedere

Die Wasserfläche, Grenze zwischen Licht und Abgrund, spiegelt das leere Schwanenhaus. Weder Satyr noch Elfe regen sich im Schein der alten Weiden, nur Schatten von Selbstmördern schwanken im Schilf. Kein Mensch in dieser Stunde, der sein Spiegelbild in der Wasserstille umarmen möchte. Endlich nimmt sich ein Eisvogel die Freiheit, fängt einen Fisch und zieht kreischend eine leuchtende Spur über dem See.

Interludium Ettersberg

Alle Lüfte stehen still in den Eichen, welche über ihren Schatten hinauswachsen. Margeriten, ohne Regung, jede Blume ein Symbol der Duldsamkeit. Sie warten auf einen Windhauch oder die Hand, die sie pflückt. Ein Kuckuck schweigt sich aus über den Wipfeln der Buchen. Auf sauren Böden die Mägdeaugen der Arnika im Flugfeld von Hornissen. Gegenüber die Bresche den Berghang hinaufgeschlagen, ein wenig himmelwärts, in aller Bescheidenheit. Kein Fürst mit Gefolge, keine Teegesellschaft unter schwebenden Sonnenschirmen dem Stern entgegen. Verschollene Echos der Jagdhorngeschwader und das Gebell der Meute hinter den sieben Bergen, wo sich der Schrecken ausruht auf dem Kahlschlag der geschändeten Landschaft. Wehende Staubfahnen über den Resten der Fundamente. Nachts flüstern die Schatten in allen Sprachen der Welt. Ein Schlot weist den Weg hinauf zum Himmel, wo so viel Platz war für die nicht gegrabenen Gräber und die Toten keine Ruhe finden. Alle Vögel sind längst fort, Amsel, Drossel, Fink und Star. Choralverse eingeschrieben in die Wolken ohne das Zwischenspiel der Windorgel. Hinter gebeugten Betonpfosten streut eine gütige Hand roten Mohn zwischen die Gleise einer stillgelegten Eisenbahnstrecke.

Nebelbank bei Buchfahrt

Es ist schön, am Rand eines Abhangs über den Dingen zu stehen. Die graue Flut steigt. Feld und Flur verfüllt von Nebelglanz, darunter vermute ich mein Sammelsurium aus Weggeworfenem, Liegengelassenem und Vergessenem. Mir geht nichts verloren, außer Lebenszeit. Sie kreist über romanischen Rundbögen im Zifferblatt der Kirchturmuhr zu meinen Füßen. Was fange ich an, wenn der letzte Hahn gekräht hat und meine Hoffnung mir das Lied vom einsamen Blatt vorsingt, das der Wind vom Baum wirbelt? Fall' ich selber mit zu Boden, hock auf meiner Hoffnung Grab. Aber noch stehe ich über dem Tal mit Fluß, Dorf und Wegen im Nirgendwo. Zwölf Mal tönt die Glocke ohne Echo. Jeder Schlag betrifft mich. Nebel ist wunderbar, wenn er den Leib einhüllt, bis er eins mit der Landschaft wird und in der grauen Flut versinkt. Langsam rutscht mir der Standpunkt unter den Füßen weg. Still ruht Weggeworfenes, Liegengelassenes und Vergessenes. Zeit zum Abstieg, um sich dazwischen einen Schlafplatz zu wählen. Wenn nicht der Nebel wäre, darin sich zu verirren.

Ringelsocken

Meine erste Liebe hatte zwei Zöpfe ohne Schleifen. Sie trug die abgelegten Kleider ihrer Schwestern mit Würde. Altmodisch, sagten die Mädchen, die mir nicht gefielen. Ihre Ordnungsliebe brachte Ordnung in meine Welt. Sie duftete nach Kernseife mit einem Hauch von Kehrspänen. Wir tauschten heimlich Bisse wechselseitig in unsere Frühstücksbrote. Manchmal zog ich sie im Überschwang meiner Gefühle an den Zöpfen, die mir wie zwei Haltevorrichtungen in meinem Leben vorkamen. Sie sah das nicht so, sondern rief mich finster zur Ordnung. Wenn ich mich dann schämte, betrachtete ich ihre sauberen Schuhe, über deren Rändern Ringelsöckchen leuchteten. Ringelsöckchen, was für ein schönes Wort. Wir berührten uns, wenn wir aufstehen mussten, Fensterreihe ich, Mittelreihe sie, rechte Schulter ich, linke Schulter sie, und mussten lächeln, sie unmerklich, ich von einem Ohr zum anderen. Manchmal verschwand sie hinter ihren Blicken in der Unendlichkeit. Dann fühlte ich mich verlassen und bekam Schluckauf, laut und hemmungslos. Ich wurde ermahnt, den Mund zu halten. Sie war noch immer in der Unendlichkeit neben mir, hinter der Tafel, hinterm Klassenschrank, auf dem ein Globus verstaubte. Die Klasse lachte boshaft. Ich wurde letztmalig ermahnt. Jeder Schluckauf trieb mir Tränen in die Augen. Da kehrte sie endlich zurück und gab mir mit den Wimpern einen Wink. Ich blickte auf ihre Schuhe und fand Trost beim Anblick jener Ringelsöckchen. Ich musste trotzdem stehenbleiben. Sie schrieb tief gebeugt über dem Heft mit schöner Schrift Zeile um Zeile, die Zungenspitze zwischen den Lippen. Da entdeckte ich ihr Ohr, an das sich anmutig der Zopf schmiegte. Und ich hoffte, dass sie mich hört und einmal mitnehmen würde in die Unendlichkeit hinter der Tafel. Und ich wollte so schönschreiben lernen wie sie. Und ihr einen

Brief schreiben über alles, was ich nicht wußte, damals. Meine erste Liebe hatte zwei Zöpfe, in die ich seitdem tausendmal in Gedanken Schleifen gebunden habe.

Wortlandschaft

Der Weg führt durch die Landschaft aus Wörtern, Zeilen, Umbrüchen und Absätzen, die sich zu Hügeln und Bergen formen. Hier Wiesen, da Felder mit dem Redefluß zwischen den Ufern hindurch. Ahorn und Zeder setzen Zeichen, wenn der Wind alles bewegt. In den Zwischenräumen der Widerspruch zwischen Stille und Schweigen, der jeden Halm und den fliegenden Blättern Bedeutung verleiht. Also das Ungesagte. Die Sprache bedient sich der strömenden Luft und die Töne werden Klang, der bis in die Häuser vordringt, bis in die letzte Kammer, angefüllt mit Seufzern, dem Gelächter wider die Angst, den Liedern, Befehlen und den Schreien, den Schwüren und zärtlichen Lauten. Ein Gebirge aus Bedeutungen, die Mauern sprengen könnten. In den Händen ein beschriebenes Blatt mit dem Gedicht, das das Unwiderlegbare, das Gültige, das Wahre feiert, bis es vom Wind mitgerissen über der Landschaft verweht und in den Kreislauf zurückkehrt.

Birke

Wo wir auf Lichtinseln im Schatten ausruhen, jede so groß wie ein Birkenblatt. Der Wind sitzt über uns auf einem Ast und singt mit der Stimme einer Gartengrasmücke. Wir können sehen, wie unsere Träume auf Eidechsenfüßen über die Rinde am Stamm huschen, Lichtreflexe zwischen den Zweigen, während wir uns von Grashalmen ernähren. Später fallen die Jahresringe über uns, kleine Schlingen an den Gelenken, um den Hals. Ich höre das Flüstern des Grases, wenn du plötzlich entfesselt auf Fledermausflügeln davonfliegst. Ich bleibe zurück, verwurzelt im Untergrund. Bebt die Erde und knarrt der Stamm, haarfeine Risse in der Rinde, Raureif deckt die Augen zu, die Jahreszeiten wechseln nicht mehr. Und schwebt ein Birkenblatt zu Boden, fällt mit ihm die letzte Hoffnung ab.

Spazierengehen mit M.

Begrüßung ohne Maske, aber mit Abstand. Nach wenigen Schritten Beginn eines Gesprächs über Roms rote Briefkästen zwischen Leben und Tod, obwohl die ewige Stadt vorläufig nicht geschlossen wird. Bleiben zunächst die lokalen Nachrichten aus dem Muschelkalk, aufgewirbelte Staubkörner mit regionaler Tragweite in den Atemwegen. Unbedeutender Hustenreiz beidseitig. Maskenpflicht im Wilden Graben unter blühenden Allergiebäumen. Rechterhand Kleingartenanlage Friedrich Schiller, wo sich triebbefriedigende Glückseligkeit und moralische Vollkommenheit zwischen Bohnenstangen und Salatbeeten miteinander vereinen. Auf dem Hügel angekommen, siehe, das Panorama der Stadt mit blühenden Hecken im Haar. Sie duckt sich ins Tal unter der Last ihrer Geschichte und trägt einen Berg als Mahnmal auf den Schultern.

Die Glocken der Kirchen schlagen die Stunde. Weitergehen, denn die Vögel singen auch namenlos in den grünen Wipfeln. Sogar Lerchen jubilieren, als sei der Landwirt klug geworden. In naher Ferne eine Sommerresidenz, die schwer am goldenen Schnitt zu tragen hat und nicht aus den Hüften kommt, obwohl die Hunde am Lindenhof losgelassen sind. Ein letzter Blick auf Lot und Flucht, die geselligen Brüder des Rokokos. Und da sind sie wieder, die Maskenträger mit Abstand und Anstand, von den eigenen Schatten verfolgt. Der Bürger auf Suche nach Frühblühern im April, um die Nachrichtenflut aus der heiklen Welt der Mikroorganismen ausatmen zu können. Kinder, die jenseits der Hygienemaßnahmen leben, streiten sich, auf Teufel komm raus: Alle wollen Räuber sein, niemand Polizist. Die Völker atmen derweil hinter geschlossenen Grenzen, und klettern unsicher an exponentiellen Kurven in die Höhe. Abstieg vom Gehädrich am Rande einer Diskussion über Rotkehlchen,

Zaunkönige und Grasmücken, die mit deutlicher Aussprache singen, was sie zu singen haben. Lerne hinhören, Mensch! Auf Olbrichts Wegen vorbei an Zäunen, Blumen, am kleinen und großen Nachbargarten, aber zu Hause ist er nicht, der Künstler der Stille. Fern läutet es an einem seiner Bahnübergänge, als das Gespräch sich Ärzten zuwendet, die, um heilig und rein ihr Leben und ihre Kunst bewahren zu können, die Vogelwelt erforschen. Denn was ist Glück anderes, als Ordnung halten mit Wissenheit der Natur? Gedenken an Theodor Plievier vor dem falschen Haus Böcklinstraße statt Malerstieg 11: Es gibt keine unbesiegbare Armee. Die Grande Armée von Napoleon war es nicht. Die Wehrmacht unter Hitler war es nicht. Die Rote Armee war es nicht. Zitat Ende. Fortsetzung folgt.
Heimwärts mit Nebensächlichkeiten über die Elsbeere, Bemerkungen zur Lage der Nation, der Welt und darüber hinaus. Es mischen sich unaufgefordert die roten Briefkästen vom Anfang des Spaziergangs ein, in dem sie Kassiber öffnen und die Geheimnisse über das Glück und sein Gegenteil verraten. Die Gespräche haben sich von den Quellen gelöst und sprechen ungeniert über die zwei wehrlosen Spaziergänger, die nur im Kreis gegangen sind. Verabschiedung auf der Helmholtzstraße maskenlos und herzlich, aber mit angemessenem Abstand.

Verzweigung

Im Spiel der Schraffuren, an den Grenzen von Hellem und Dunklem, genau dort, wo zwei Teilstrecken, 6,18 Einheiten und 3,82 Einheiten, im Moment des Zusammentreffens einen Punkt bilden, attackiert die Linie hartnäckig jede Form im Allgemeinen, als wäre die Harmonie der Welt mit einer Zahl auszudrücken. Einzelne Figuren halten dem fremden Willen stand, einbeinig balancierend zwischen gestreckten Gliedmaßen. Hier beginnt die Verzweigung des Schönen und verschwindet spurlos im Hintergrund zwischen Hellem und Dunklem.

Ausflug zurück

Nimm den Duft des Grases in die Hände, dann kannst du mit geschlossenen Augen über den Waldrand hinweg die Sanftheit der Weiden bei Ottstedt am Berge sehen und über dir den Glockenturm ahnen, wie er sich beugt unter der Last der Wolken. Schilder leuchten auf wie eckige Sonnen: Gaberndorf, Daasdorf, Hottelstedt und Ettersburg. Alles kommt auf dich zu und vergeht unterm Beschlag des Rückspiegels. Feldahorn, Linde, Erle und Buche – jeder Baum erfüllt seinen Namen. Spuren von Traktoren, Mähdreschern und Kettenfahrzeugen über Land. Wie Blutrinnen randvoll im letzten Abendrot. Ich denke an dich, sehe dich ausruhen in jener Schlucht am Fuß des Mont Ventoux Himbeeren pflückend, rote Tropfen in den Mundwinkeln, ihren mißverständlichen Glanz. Oder an jenen Tag an der Westküste Irlands, wo im Rauschen des Ozeans unsere Träume wie Treibgut in der Brandung verschwanden. Nun kommen sie uns entgegen, die Träume vom Vergangenen und die Erinnerungen an das noch nicht Geschehene. Gott erscheint hinter dem Schlehengestrüpp in Ewigkeit gewandet, eine letzte Pfeife rauchend. Als ein Windstoß Blüten durch die Luft wirbelt, fühle ich seine und meine Einsamkeit. Komm, laß uns zur Scherkonde radeln und die Hände im Wasser des Bachs reinwaschen, umgeben von der Trauer gespaltener Weiden.

Zwischen Jena und Kunitz

Als ich zwischen Jena und Kunitz meinen Spuren aus Kindertagen folgte, wußte ich nicht, daß ich Schritt für Schritt die alten auslöschte. Der Wind ließ seine Finger durch flüsterndes Gras gleiten. Rauch in der Luft.

Eigentlich waren wir zu Dritt: mein altes Ego, ich und zeitweilig mein unzuverlässiger Schatten. Wir schwiegen angesichts der Lauterkeit dieser Landschaft aus Muschelkalk, die uns immer noch bestürzte. Hätten wir beim Anblick des Flußes ein Gespräch geführt, so wäre es knapp wie eine Zwangsjacke oder löchrig wie ein abgelegter Regenmantel gewesen.

Kein Wort über den König, der die Hand nach den gurrenden Töchtern des Nachbarn ausstreckte. Sie waren willig, auch ohne Gewalt. Wir, keine Reiter bei Nacht und Wind, hielten uns die Ohren zu und sperrten die Mäuler auf, konnten den Blick nicht wenden, als er sie fütternd erzog. So hatte auch ich vor Jahren schlürfend das Gift in die Kehle gesaugt. Trauerweiden knarrten in den Hüften. Stumm blieben auch sie, wie ein Holzstoß mit Schriftzügen quer über die Jahresringe gekrakelt.

Aber zum Glück gab es noch den Dialekt der Strömung, den angehaltenen Atem in den Luftblasen zwischen Binsen und Kraut, genauso wie die Selbstgerechtigkeit der Maulwürfe und das Gesetz des unfreiwilligen Falls. Wir gingen eigene Wege, mein Schatten, mein Ego und ich, als die Sonne vergebens versuchte durch die dunklen Wolken zu scheinen.

In diesem Augenblick sang eine Feldlerche aus der schmalen Partitur meines Lebens. Der Vogel erinnerte mich an ein Mädchen mit Schmetterlingsflügeln, das vor vielen Jahren neben mir auf der Schulbank saß. Und ich hatte es nicht wahrgenommen, weil Nachbars Töchter noch immer durch meine Tagträume tanzten. Zwischen Jena und Kunitz löschte ich meine Lebensspuren aus, während der Wind seine Finger durch flüsterndes Gras gleiten ließ. Rauch in der Luft. Als leises Gelächter aufkam, wagte etwas, mitten in mir zu weinen. Aber die Feldlerche konnte ich immer noch hören.

Ortswechsel

Limerick

Tearoom bei Regen

Der Hochmut der Kellnerin, der Mann am Tresen ohne Blickpunkt, die Wände, die einst blau waren, die Abwesenheit von Gästen und die schlechte Beleuchtung – lauter Dinge, die ich schön finde. Schön nenne ich auch die Konsequenz, mit der mich die Kellnerin übersieht. Feuchte sickert ein. Ich führe Selbstgespräche mit Irlands Regen, während der schiefe Tag in mich einzudringen versucht. Am Nebentisch ein Stillleben aus Tasse, Untertasse und kaltgewordenem Tee. Ich suche Zuflucht in einer Welt aus grünen Hügeln, von Kirchenruinen bekrönt, verlaufe mich im Labyrinth der Mauern, hinter denen Schafe weiden. Eine Insel sehe ich, weites Land, das Welle um Welle unter grauem Himmel wogt, der jede Sprache der Sehnsucht versteht. So abstrakt ist meine Wahrnehmung in der Einsamkeit dieses Tearooms. Und ehe die Ewigkeit an mich herantritt, löst sich die Kellnerin aus dem Zischen einer Espressomaschine heraus und umhüllt von Dampf, fragt sie milde, ob ich einen Wunsch hätte. Schließlich fließt Schluck für Schluck schwarzer Tee durch meine Herzkranzgefäße, bis ich beginne, den Ausblick von den Klippen meiner inneren Steilküste mit denen Irlands zu verwechseln.

Schornsteine

Dem Beobachter erscheinen die Reihen der Häuser hinter Eisenzäunen wie Monologe aus englischen Kontor-Büchern. Aber die Fenster, in die man nicht hineinzublicken vermag, tragen ein Makeup in leuchtenden Grundfarben. Und erst die Haustüren. Fünf Stufen hinauf zu roten, grünen oder blauen Pforten mit Katzen auf den Schwellen, die hier auch am Tage grau sind. Jede ein kleiner Ganove, der mit geschlossenen Augen hellwach die Gegend belauscht und bei der kleinsten Störung in die Hinterhöfe mit ihren baufälligen Hütten und Werkstätten flüchtet. Geschlossene Tore, Wände in den Farben verwaschenen Drillichs, Buschwerk auf Mauerkronen bilden den Kommentar zur Straßenfront und den vergessenen Zeiten, die in den Resten von Inschriften noch zu entziffern sind: forge, garage, carpentry, locksmith. Die Häuser der Stadt wachsen nicht in den Himmel, aber die Schornsteine greifen nach den Wolken. Eine Landschaft aus rauchspeienden Menhiren, wie aus dem Steinkreis von Grange gebrochen. Ich sehe gemauerte Quader, aus denen drei Schlote emporragen, Säulen, von Schaftringen gegliedert und bekrönt von polygonalen Aufsätzen. Andere reiten auf den Dächern oder balancieren am Rand der Giebelwände. Immer ergreifen sie Besitz von den Bauten, die standhalten müssen unter der Geltungssucht der Schornsteine. Das alles für ein bisschen Wärme und die zerrissenen Rauchfahnen am Himmel über Limerick.

Der Fluß

Der Shannon als Fluß ist eine Tatsache und kommt aus den Quellen der Cuilcagh Mountains Er war überrascht, als er auf seiner Suche nach dem Atlantik auf Limerick traf. Möwen beschreien bis heute seine Existenz, als hätte er diese Zeugenschaft nötig. Sein Dasein wird von Ufern begrenzt, an denen sich die Häuser der Stadt um die Plätze mit freiem Blick auf den Strom drängen. Die Zukunft des Flusses, das Meer, verschluckt ihn spurlos. Noch treiben die Spiegelbilder vorüber: das Grau des Himmels, die Schemen der Wolken und am Abend die Lichter im Auf und Ab der Wellen. Später nimmt die Nacht ein Bad und schwimmt bis zum Morgen dahin. Sie murmelt mit der Stimme des Shannon vom ewigen Kreislauf, der die Seele des Flusses immer wieder nach Irland zurückbringt. Saint Mary's Cathedral und alle Grabsteine ihr zu Füßen, die Kirchen, King John‘s Castle, der Funkturm und Hochhäuser haben sich ihm zu Ehren versammelt. Die Stadt im Fluß als Zerrbild. Manchmal erhebt er sich von Grund auf, steigt über die Ufertreppen aufwärts, schwappt gluckernd vor Lebenslust über die Mauern, bis er Anstoß nimmt an Hindernissen, die ihm den Zutritt verwehren. Jetzt ist der Moment gekommen, seine Stromschnellen anzurufen, die Wellen loszulassen und mit schäumender Wut gegen Stein, Mauer, Metall und Form zu prallen. Jeder weiß hier ein Lied zu singen von der ungebetenen Herrschaft des Flußes Shannon:
God save us from the flood.

Limerick

Hinter dem Hunt-Museum

Die Schachfiguren standen beinahe in Reih und Glied. Ein Pferd hielt sich nicht an das Kommando „Habt – Acht!“, und ein paar Bauern tanzten aus der Reihe. Vis-a-vis hatte die schwarze Herrschaft dermaßen Stellung bezogen, als dächten sämtliche Stände über die Möglichkeit einer Belagerung nach, nur nicht an ein Schachmatt. Der eine König sah sich im Gewand Wilhelm III. Prinz von Oranien, sein Gegenüber in der Rüstung Jakob II. von England. Die Damen schärften ihren Königen ein, kein Feld preiszugeben und auf den Treaty of Limerick zu pfeifen. Läufer, Türme, Springer und Bauern rückten zu einer Armee zusammen, als gelte es die Belagerung von 1690 jeweils zu ihren Gunsten zu entscheiden.

Da kam ein Spaziergänger vorüber, inspizierte die Fronten und schob den weißen Bauern vom weißen König weg, zwei Felder vor. Dann überlegte er eine Weile, wechselte die Seite und ließ das schwarze Pferd springen. Nach dem er wiederum die Seite gewechselt hatte, stand fest, daß der Mann sein eigener Gegner war. Die Könige gingen am Ende durch ein Patt leer aus. Der Treaty of Limerick blieb in Kraft. Die Schachfiguren ordneten sich neu in Reih und Glied und der Spaziergänger ging pfeifend davon.

Spaziergang

Ich sehe, wie sich nachts die Häuser mit dem Schlaf ihrer Bewohner füllen. Im Licht der Schaufenster bewahren die Modepuppen ihre unbequemen Haltungen, obwohl ich sie nicht beachte. Neben den Türen der Restaurants empfehlen mir Speisekarten die Menüs des vergangenen Tages. Ein Schild fordert mich auf, die Straßenseite zu wechseln. Zum Glück läßt sich von einem Spaziergänger niemals behaupten, er mache Umwege. So treffe ich zufällig auf Tait's Clock am Baker Place, die mir und allen Windrichtungen die Stunde weist. Weiter über Pery Street, Mallow Street, O'Connell Street. Hier begegnet mir der Schatten eines Gesetzgebers der Weltpoesie, der wie Desmond O'Grady aussieht und vom Haus Nummer 52 mit seinen gebündelten Habseligkeiten, die aus 20 Gedichtbänden bestehen, durch die Nacht in Richtung Hafen segelt.
Schon flackert die Straßenbeleuchtung. Dunkelheit besetzt die Räume der Stadt. Um diese Zeit kann man den Fluß nur ahnen, auf dem ein Schiff kommen wird, verfolgt von Möwen und angetrieben von dem Seufzer jenes Heimwehs: Mögen wir in den Genuß der Gnade Gottes kommen und in Irland sterben.
Ich kehre lieber um, bevor mich die Menschenleere verschlingt.

Peoples Park

Tagsüber fernes Fahren der Busse und Züge; das Heer der Autos am Park vorbei. Die Wege führen weder hin noch her, nur die Gedanken kreisen. Es ist, als gingst du fehl in jener Abgeschiedenheit mitten der Stadt. Und doch ist immer noch ein Suchen dein Begleiter, das Schritt für Schritt zwischen den Gegensätzen keine Richtung findet. Vorbei am Brunnentempel und um die Säule herum, auf der hoch über Park und Stadt Thomas Spring Rice in Wind und Wetter seine Verdienste um das Gemeinwohl büßen muß. Dann stehst du wie verloren hinterm Zaun und siehst die Kinder auf Geräten den Balanceakt für das Leben üben. Die Sonne im Versinken hängt zwischen Zweigen der Platanen, auf deren Blättern die feuchte Luft zu glänzen scheint. Die Wolken, aufgeschwellt von Regen, schleifen lange Schleppen über alle Wipfel und lassen ihre Schatten auf die Wege fallen. Und manchmal kommt ein herrenloser Hund querbeet, der mich zu kennen scheint.

Bei Mitchelstown

Die Insel liegt wie ein Blatt auf dem Meer, ein grünes Blatt, das vom Baum gefallen ist. Darauf eine Stadt wie ein Rumpf aus Mauerwerk mit sperrangelweit geöffneten Toren, gähnenden Mäulern gleich. Straßauf, straßab hocken ihre schmalbrüstigen Häuser dicht gedrängt, nur von Wasserfarben zusammengehalten.

Das Schaufenster eines geschlossenen Krämerladens wirkt wie ein Bilderrahmen aus hartem Holz geschnitzt, aber ohne Bild. Passanten gemächlichen Schritts gehen von Gruß zu Gruß in Richtung Supermarkt. Ihre Augen lauern auf die wenigen Sensationen entlang der Bordsteinkanten. Mütter mit haltlosen Frisuren und unendlicher Geduld rauchen schweigend im Zentrum ihrer Kinderschar. Ein Mann streicht die Haustür giftgrün, solange seine Frau in der Messe ist.

Selten ein Hund, der diese Welt versteht. Auf dem Friedhof die Reihen der Keltenkreuze, aufrecht und in Schieflage, mit dem Ring im Schnittpunkt der Balken. Die Trinität der Vollkommenheit in Stein gehauen. Über allem wacht ein Wasserturm.

Draußen, vorm geschlossenen Pub, Wischeimer, Schrubber und Lappen zum randständigen Stillleben formiert. Von Nichts kommt nichts. Und manchmal erklingt scheinbar doch noch ein Geläut aus verklungenen Ladenglocken.

Immer weht das ewige Wetter seine Töne von Grau, Grün, Blau und Rot über die fernen Hügelketten hinweg und feiert ein flüchtiges Fest. Tropfen für Tropfen. Irlands immer frisch gezapfter Regen fällte, schwebt, sinkt, gießt, stürzt je nach dem vom Himmel nieder, während Kühe die Stadt umzingeln, Gras fressen und das Klima verändern.

Am Ufer der klaren Flüsse singen Schilfrohrsänger mit den Stimmen von Nachtigallen. Ich wollt, ein Fährmann bringt mich herüber zu meiner Liebe – und zu meinem Tod. Mauern aus Basalt und Granit laufen wie ehedem über das Land und erzählen Stein für Stein unendliche Geschichten. Die Stunde des irischen Hungers von einst, ein immerwährender Schatten, der über die karge Landschaft wandelt.

Also gehen wir zum Frühstück: bacon, sausage, pudding, tomato and egg, with orange juice, tea or coffee and toast. Glocken läuten für St. Patrick. In der Kirche kann man getrost vom Terrazzo essen, über dem Heilige mit Puppengesichtern den staubigen Atem anhalten. Sie wissen nichts vom Heiligen Kevin, in dessen Hand eine Amsel brütete, als er um Mühsal flehte ohne Wunsch nach Lohn.

Funkturm und Kirchturm zeigen einträchtig in den regengrauen Himmel. Bleiben die nassen Dächer, unter denen gelebt wird im ewigen Rhythmus von Liebe, Zeugung, Geburt, Tod, Feier und Haß. Oh, come by the hills to the land where life is a song.

Wolken vermessen die Weite vom Atlantik her, immer das Tosen der Wellen im Ohr. Hartriegelhecken, die keinen Durchlaß gewähren, gliedern von Hügel zu Hügel die Kargheit der Berge und ordnen Weiden und Wiesen. Die Seelen der Ausgewanderten schleppen ihre Sehnsucht durch die Gerstenfelder und blicken gen Mitternacht aus leeren Fensterhöhlungen.

Aber die Sonne Irlands läßt die Landschaft immer wieder leuchten wie am ersten Tag der Schöpfung, als die Heiligen durch Wälder zogen und die Steine aufstapelten zu Kirchen und Klöstern. Sie sind Ruinen geworden, die im Mondschein ein Hauch von Demut umhüllt. Und während man über die Berge geht, begleitet von Ziegen und Schafen, wird man immer jünger, denn jeder Pfad führt heimwärts zu den Anfängen der Menschheit und Irlands.

Bonner Elegie

Aufgehoben im Nein des Nichts am Tresen einer Kneipe nahe des Beethovenplatzes, angesichts des Verfalls der Bierblume in einem Glas mit Spuren von Lippenstift am Rand. Ich bin ein menschlich bloßes Wesen, höre gerade Engel die „Elegie auf den Tod eines Pudels" pfeifen und versuche dabei die Botschaft der Lichtreflexe in den Flaschenbatterien zu entziffern. Ringsum gibt es Gesichter, die raunen, lachen, die weinen. Die Stille tropft aus dem Zapfhahn. Irgendwo ein Kellner, der mich nicht sehen will. Wofür also dir, Gott, danken. Dabei kenne ich deine Wunder vom Grün der Bäume bis hin zum schönen Blau der Endlichkeit, und auch die Träume vom Himmel, und die Würde jener abgebrochenen Zweige, die wasserlos in einer Vase welken. Das weiß ich wohl und sollte dir dafür danken, auch wenn der Kellner gerade erneut an mir und meinem leeren Glas vorübergeht, als gäbe es mich noch immer nicht. Trotzdem bleibt dieses Nein des Nichts – an diesem Tag, zu dieser Stunde, in diesem Augenblick. Da heb ich das leere Glas und bringe einen Tost aus in der Hoffnung, dass der Kellner mir, dem ewigen Schuldner, vergibt die Schuld für ein nicht getrunkenes Bier. Denn der wahre Traum vom Himmel bleibt nur ein Traum vom Himmel über den schmutzigen Lampenschalen in dieser Kneipe nahe zu Beethovens Platz.

Nürnberger Rauch

I

Ankunft im Irrgarten der Baustellen, flatternde Absperrbänder, wegwärts Blechbüchsen und leere Kaffeebecher, links-rechts ohne Gleichschritt, die letzten Geräusche der Aufmärsche, Schweißspuren in Achselnähe, Geruch schlecht gelüfteter Katakomben im Schlepptau der Touristen, Frauentorturm ausladend wie eine bodenständige Matrone umweht vom ewigen Bratwurstrauch, der um die Stadtmauern weht hin zu den Brezelbuden im Abstand der Klingeltöne.

II

Endlich capella sancti laurentii, hufeisenförmige Apsis unter der Chorschwelle, Pfeilerfundamente und Reste eines Portalsockels, alles im Verborgenen, wie so vieles hier und anderenorts, darüber schwebt eine Mondsichelmadonna durch den Triumphbogen, Geste der Stille umrahmt vom Strahlenkranz.

III

Über die Kaiserstraße hinaus, vorbei an der schwarzen Figur, die ewig abwägen muß, Recht und Unrecht, beide blind in den Wechselfällen der Geschichte. Nur des Unrechten sind wir uns ohne große Worte immer bewußt. Auf Trümmerfeldern Einkaufstempel mit unterkühlten Glasfassaden, der Erderwärmung zum Trotz, wenn es sein muß wohltemperiert, wie der Bocksgesang eines Straßenmusikanten.

IV

Die ewigen Bürger, die kopieren und ergänzen, nach dem sie nicht beschützten und erhielten, trinken Kaffee to go oder fotografieren oder telefonieren oder schauen nur auf die Bildschirme ihrer Taschentelefone. Ich nicht, sagt die Händlerin, ich nicht und packt Obst in eine Tüte mit dem Aufdruck: Nürnberg leuchtet wie die Sonne unter den Gestirnen.

V

Das Dürerhaus gefüllt mit Luft und Erinnerungen aus Kopfhörern, denn da ging er hinauf, dort hinunter, hier blickte er hinaus und an diesem Ort trat er ab. Es lebe der kopierte Dürer, samt Werk, Stein und Bein. Bitte hier entlang. Schön war´s doch, sagt der Mann zu seiner Frau, die stilles Mineralwasser trinkt und einen Hasen haben will.

VI

Unter Regenwolken repariert der Kaiser oder der Freistaat die Silhouette seiner festen Burg. Und siehe, Besucher: Vom Spittlertor ziehen noch heute unter Glockengeläut und Festmusik Kaiser und Gefolge hinauf in den Rittersaal der Burg. Im Sonderangebot die Reichskleinodien als Mitbringsel heuer mal wieder mit beträchtlichem Rabatt.

VII

Im Söller ruhen Schrebergärten mit Solarbeleuchtung und Satellitenschüsseln über Kohlköpfen in Reih und Glied.

VIII

Ratlos stehen die Ungläubigen vor dem Grabmal mit den hochverehrten Gebeinen des Heiligen Sebaldus. Nichts wissen sie von der Stadt, in der Gott alle Tränen abwischen wird, in der er selbst alles in allem sein wird, alles in ihm geborgen ist. Und die Frauenkirche erhebt sich über den Trümmern der Synagoge, als sei nichts geschehen. In der Lazarus und Bertha Schwarz‘ schen Altersversorgungsanstalt sammelte man jene, die mindestens drei jüdische Großeltern hatten oder zwei jüdische Großeltern und jüdischen Glaubens waren, mit einem Juden verheiratet oder ein jüdisches Elternteil hatten. Die Stadt als Denkmal für die Opfer der Schoa. Bitte weitergehen, bitte weitergehen.

IX

Und ewig feiern Lebkuchenmann und Lebkuchenfrau das Weihnachtsfest mit Drohung auf der Lebkuchenbrust: Ich liebe dich.

X

Am Abend suchen die Gestrandeten ihre Schlafplätze entlang der Königstraße auf. Und wenn die Straßenreiniger abgefahren sind, dann schließen sie die Augen und träumen sich hinweg, und die Stadt verliert sich zwischen Ladenbeleuchtungen, ihrem Ruf und einer Stille, die nicht kommen will.

Der Niesen, 2020

Blaues Dreieck durchstößt den Blickrand hinter Gelb, Orange und Grau von grünen Säulen belebt. In der Bildfläche ein geometrischer Sonderfall, gleichschenklig, wo sich alle Seitenhalbierenden, bei freier Sicht auf kein Dahinter, im Schwerpunkt des Berges treffen. Darüber träumen Sterne vom Nichts, bis die Sonne westlich erscheint und an der Seite herunterrollt, aus dem Bild heraus und Spuren von Sonnengelb zurückläßt. Man sagt: Trüge der Berg einen Hut, bliebe das Wetter gut.

Regen in Chemnitz

I Scheinwerfer

Die Straße bebte unter dem Ansturm tierköpfiger Wolken. Tropfen um Tropfen auf Wangen und Stirn, Schläge, schwarz und lockend. Ich blieb zurück auf einem leeren Platz, spürte Ohnmacht, nicht mehr flüchten zu können. Das Licht der Scheinwerfer betastet mich schamlos. Dermaßen bloßgestellt glaubte ich zu ertrinken. Aber es war nur der Dunst über dem Asphalt, der in die Augäpfel drang und mir den Durchblick wehrte.

II Nächstenliebe

Ich, der Fremde. Im Blickfeld der Fremden, die hinter Regenschnüren tanzten.Bis sie sich aufzulösen schienen. Kein Gemach für uns über den Wassern gebaut. Keine Taube in Sicht mit dem Ölzweig im Schnabel. Lautsprecher feuerten Rhythmen auf flüchtende Passanten. Die Kirche im Hintergrund stand schwarz und schweigend da, wie ein Mahnmal aus Nächstenliebe. Im Handumdrehen verdunsteten die Tropfen auf meiner Haut, und ich hoffte, daß damit der letzte Beweis meiner unterlassenen Taten beseitigt wäre. Aber die Sonne wird wieder aufgehen über Böse und Gute, sagte ich mir, ohne Trost zu finden.

III Flut

Obwohl es nicht mehr regnete, schwebten noch immer die Schirme über dem Platz. Blicke zum Himmel, als stünde die Ankunft des Heilands bevor. Ich dachte an jene Flut, die alles bedeckte wie ein Gewand. Werden noch einmal die Berge emporsteigen und die Täler sich herabsenken zum Ort, der für uns gegründet wurde? Als das Licht sich auftat, spürte ich die Fülle der Schuld und vor mir den Fluß der ungenutzten Augenblicke, die, weiß Gott, noch nicht vom Himmel gefallen waren.

IV Rattenfänger

Unter einem Baum traf ich jene Fremden triefend vor Nässe wieder, die mich als Fremden erkannten. Einer fixierte mich und rief: Fuck you! Erschrocken rettete ich mich in die Gosse und sah noch, wie ein Rattenfänger zu ihnen sprach: ‚Du sollst deinen Nächsten lieben und deinen Feind hassen.' Dann führte er sie zum Fast-Food-Restaurant, wo sie im blauen Licht einer Leuchtreklame verschwanden. Liebt eure Feinde und bittet für die, die euch verfolgen, flüsterte ich in die vorgehaltene Hand.

V Ölzweig

Tauben flogen vorüber und schleppten unter den Schwingen Schleier aus feinen Wasserfäden mit sich, die wie Fahnen wehten, von der Strömung zerfetzt. Der Rattenfänger kam und streute ihnen Futter vor die aufgerissenen Schnäbel. Feucht glänzten ihre Augen, die etwas weit Entferntes, aber Vollkommenes anzustarren schienen. Und ich sah es plötzlich auch vor mir, während der Rattenfänger pfeifend ging, den Ölzweig am Hut. Ein Wolkenbruch flutete endgültig die Stadt.

Transit Suhl

Hochhäuser, die schamvoll Schatten werfen auf Kulturhaus, Stadthalle, Schnellstraße, Warenhaus, auf Verwaltungsgebäude, auf ein Stadtzentrum, das sich zwischen Reihenhäusern und Vorgärten verzettelt. Jetzt im Juni garantiert schneefrei. Der historische Stadtkern abgebrochen und unter Federführung Hermann Henselmanns sozialistisch umgestaltet, wie sich Hans-Guck-in-die-Luft den Kommunismus erträumte: humorlos, praktisch, abwaschbar, immerhin 422 m über Normalnull. Im Tal plätschern Lauter und Hasel, die Fichten schweigen und leiden unter Klimawandel und Waldwirtschaft. Ach, wie singt der Stadtrat aus vollen Kehlen: Frieden schaffen mit Suhler Waffen. Fuchs und Hase, gute Nacht. Fern röhrt der Hirsch am Rennsteig, diesem Weg auf den Höhn, den oft begangenen, wo Vöglein singen, die ein Verlangen nach Dir, oh, Thüringer Wald, wecken oder nicht. Es raunen die Gipfel des Großen Beerbergs und des Schneekopfs ein taltiefes Dur unter der niemals erreichbaren Baumgrenze. Fröhlich versammeln sich wie zum Trotz kleine Dörfer ringsum und wecken Träume von Bedeutung, die sofort fliehen, wenn der Zug in Suhl einfährt, begrüßt vom Bestattungsinstitut Pietät: Wir sind immer für sie da. Also Mund- und Nasenschutz nicht vergessen, und auch nicht die Vorsicht bei Abfahrt des Zuges. Der Reisende blickt ein letztes Mal zurück und sieht in Silber eine gezinnte Stadtmauer mit goldener Toröffnung, darin auf grünem Dreiberge eine schwarze Henne mit rotem Kamm. Ein Traum, ein Wunder im Nebel, an diesem Rand der Welt. Und während es bergab geht, vermißt der Reisende sein Echo, das zurückblieb und sich irgendwo am Lauf der Wilden Gera verirrt hat.

Turmbesteigung Hradschin

Endlich oben angekommen.
Prag untergetaucht in einem Nebelmeer.
Aber der Himmel war so nahe,
daß man ihn vor lauter Wolken
nicht mehr sehen aber fühlen konnte.

Grober Regen, Luzern

Die Kapellbrücke, dermaßen getroffen von der Wucht jedes einzelnen Tropfens, zickzackte aus der Linearität heraus, zwei Knicke bildend, die von Touristen, kurz vor dem Durchbruch einzelner Sonnenstrahlen, als Hintergrund fotografiert wurden. Ein Lächeln auf den Lippen und Bilder über den Köpfen vom Totentanz, auch vom Riesen von Reiden. Und dachten nicht daran, wie lang er vor ihnen da war. Und, daß man seine Gebeine gefunden und behalten, das Übrige aber der Erde zurückgegeben, in der es geruht hatte. Unwissend schickten die Touristen ihr Lächeln vor den Bildern um die Welt. Was aber bleibt vom Tage übrig, der standhielt unter den Einschlägen grober Tropfen und die Anwesenheit eines toten Riesen schweigend bewahrte, dessen Schulterblätter aus Mammutknochen bestanden.

Dresden, zwei Ansichtssachen

I Türme

Blick aus dem Fenster über Fluß und Aue hinweg, ein Nebelhauch darüber gelegt mit feinem Pinselstrich, Aquarellfarben, die sich verlaufen haben zur Silhouette der Stadt im feuchten Bilderhimmel. Der Nebel nur angedeutet, denn die Erwartung des Betrachters duldet nicht Dunst, nicht Rauch und die Gefahr des Abendrots, flammend wie ein Feuersturm. Nachts die Fata Morgana des Mondes zwischen den Rebstöcken der Wingerte oder doch nur ein irres Lichtspiel am Grund des goldenen Topfes. Die Türme der Stadt sind auferstanden und bilden sich selbst gegen den Nachthimmel ab. Alte und zukünftige Trümmer formen sich wieder zu Häusern, Plätzen, Kirchen und Palästen, als könnte ihr Aussehen der Vergänglichkeit dieser Welt ein Schnippchen schlagen. Aber, wer verlebt hier noch die Abende Arm in Arm mit seiner Fantasie jenseits erstarrter Erinnerungen. Die Elbdampfer sind auf Grund gelaufen, harren aus wie gestrandete Fische. Bleibt das Zeitmaß der Glockenschläge, das Geläut der Kirchen und die Geduld der goldenen Engel auf den Kuppeln der Stadt.

II Schwerkraft

Unterm Flügelschlagen der Krähen und Dohlen künden die Glocken des Rathauses die neue Stunde. Oh Mensch, gib acht. Auch wenn Hotels und Kaufhäuser ihr auf den barocken Leib rücken, die Kreuzkirche, fest verwurzelt in sächsischer Erde, ruht in sich selbst, getragen von Gebet, Hoffnung und Gesang. Denn er hat seinen Engeln befohlen über dir, achtstimmige Motette, sie öffnet die Tore der Portale und läßt den Verkehrsstrom am Külz-Ring zum Erliegen kommen. Stau. Hier beginnt die große Dresdener Verirrung. Sie reicht bis zum Hauptbahnhof, flankiert von allen Varianten rechten Winkels. Erst das Angebot, dann die Nachfrage. Kein Hans im Glück unterwegs, der Gott dankt für den Verlust der Wackersteine. Blick zurück, wo sich elbewärts die Türme bereitwillig ordnen, als stünden sie schon immer am Ufer des Flusses, ewige Dreh- und Angelpunkte der Tragödie dieser Landschaft. Die Stadt wird Motiv und ihren Bildern immer ähnlicher. Doch die Ruinen bleiben Teil der Großartigkeit, bewahren Stein für Stein die Narben der Zerstörung. Denn die Schwerkraft bleibt bis auf weiteres zeit- und gewissenlos.

Café Slavia

Hier lobten sich die Dichter gegenseitig, ohne sich in die Augen zu blicken. Hier nahmen sie bei Kaffee und Absinth das Tödliche und Ungetüme hin und hielten es auf die Länge einer Zigarette aus. An den runden Tischen schwieg das Namenlose ebenso wie das Anonyme. Unbeschriebene Blätter warteten vergeblich auf den ersten Versuch. Auch ich nahm mir das Recht, hinter einer venezianischen Maske, wenigstens wahr zu sein. Dabei erkannte ich, daß mich Stille und Hoffnung mochten, auch ohne Ruhm.

Turm zu Stolpe

Ein Bergfried stand- und ortsfest als Krönung sandiger Hügel, auch ohne Schutzmauern wehrhaft und trutzig.
Übriggelassen von den Zeitläufen hat er sich an den Rand einer Flußlandschaft gerettet, aus der Grenzpfähle wie Stacheln ragen. Geografischer Hochpunkt für Landvermesser und Militärs diesseits und jenseits der Grenze. Nichts weiß er von Geschichte und Schicksal, ertaubt im Waffengeklirr und Jubelgeschrei der Jahrhunderte.
Trotzdem steht er aufrecht im Wechsel der Jahreszeiten und genügt sich selbst und seiner unverrückbaren Einsamkeit, obwohl Staub, Regen, Wind und Hitze gnadenlos an ihm nagen. Grützpott, sagt Volksmund im Vorübergehen und zeigt mit dem Finger auf den Wehrlosen.

Dechower Texte, August 2018

I Gegen Morgen

Kommt die Nacht, ertrinkt der See im blinden Spiegel des Himmels. Ein Irrlicht schwebt über dem Wasser mit dem Klageruf des Bleßhuhns. Erinnerungen an gelbe Sonnenkreise, während der Mond auftaucht und sich einen Weg zwischen Ufer und Horizont bahnt. Die Wiesen duften nach Kräutertee: Minze, Thymian, Kamille. Motorengeräusche auf der Landstraße, Scheinwerfer tasten die Bäume der Allee ab. Hunde jaulen auf und verstummen. Nichts haben sie zu bewachen, außer der Stille. Noch schwirren einzelne Fledermäuse ums Haus. Das Dorf versinkt im Moor. Über den See hinweg trauern Eichen, Erlen und Weiden, gebeugt über den grauen Schieferglanz des Wassers. Spinnennetze mit dem gefangenen Abglanz von Sternen zittern in der Strömung der Luft. Ein Schrei gellt aus dem Schilf und Flügel schlagen klatschend auf das Wasser. Stille. Der Wallnußbaum vor der Tür bewahrt seine Ruhe und läßt den Schattenzeiger langsam gegen morgen kreisen.

II Schlußakkord

Abgekühlt ist längst die Luft
Und ein lockend dunkler Duft
Strömt aus regennassem Heu.
Augen aus den Büschen starren,
Im Gestrüpp ein leises Scharren,
Irgendetwas bricht entzwei.
Abgehakt ist jene Stunde,
Nur der Mond dreht seine Runde,
Bis zum ersten Hahnenschrei.
Nichts kann bleiben, wie es war,
Dieses nicht und nächstes Jahr,
Nur der Schlußpunkt bleibt uns treu.

II Dechower Kadenz

Schon füllt Zorn
Randvoll den See,
Das Blau kippt um,
Die Schwalben schwirren
Flach übers Wasser hin.

Dumpf grollt aus dem Brunnenrohr
Ein Wasserstrahl ins Becken,
Der Wind ist umgeschlagen,
Ketten in den Ställen klirren.

Fern hört man die Käuze klagen
Und es knistert nah im Korn,
Blüten wehen leicht wie Schnee
Und das Dorf steht schwarz und krumm.

Da schlägt der Blitz in jeden Sinn,
Mit Donnergroll und Schrecken.
Die Winde übers Wasser fegen.
Der Himmel öffnet Tür und Tor
Und endlich rauscht der blaue Regen.

IV Sommergedicht nach Klabund

Sommerabende versauen
Schweißgetränkt mein Ruhekissen
Während nah im Dunkelblauen
Meine Ängste Fahnen hissen.

Stunden, die mich nächtens placken,
Kommen still auf Alptraumwegen,
Und ich fühl um meinen Nacken
Sich zwei Knochenarme legen.

Längst verwelkt ist mir der Flieder
Und des Himmels roter Mund
Neigt sich gierig zu mir nieder.
Ist die Seele todeswund?

V Nolde-Ausstellung in Lübeck

Die Augen des Mohns mit der schimmernden Pupille im Zentrum, braun, dahinter weht ein flaschengrüner Wind, unter dem sich Gestalten beugen, bis sie hinweggefegt werden ins nächste Bild, ein Aquarell aus Cospedaer Tagen. Schneeflocken fallen auf die nassen Farben und blühen auf wie Eiskristalle. Die Weiden gegenüber eingehüllt in Nebel, der zu fliehen scheint. So viel unentschlossene Ruhe in der Schwebung einer Landschaft, die nur zu ahnen ist. Und sich aus dem Blattgrund gerade soweit heraushebt, daß zunächst die Blicke des Betrachters und dann er selbst, darin eintauchen und sich auflösen können.

VI Birkenallee

Als ließe jemand aus Kummer vor dem Frost Arme und Köpfe hängen, aufgereiht am Straßenrand in Reih und Glied, wo der Wind durch ihr Greisenhaar aus dünnen Zweigen streicht. Ich sehe sie als aufgerichtete Schatten, ganz in das eigene Schweigen versunken gegen die Weite der wogenden Ackerschollen. Das Weiß ihrer Rinden färbt sich Grau in Grau, so daß die schwarzen Schrunden einzig Trost versprechen. Nur am Morgen, gegen Ost geblickt, scheinen sie im neuen Licht zu wachsen, Scherenschnitten gleich, die um ihre Würde wissen und die Schultern heben, sachte, sachte, um sich nicht zu verraten am Straßenrand in Reih und Glied. Jede Silhouette ein Gleichnis der Geduld und Demut, wenn ich über Land gehe, allein, mit der Anwesenheit der Birken.

Rom, violett

Tauben, gurrende Schattenrisse, flatternd im Lichtquadrat des Hinterhofs. Darüber die Tonspuren der Mauersegler unsichtbar am Himmel, der wie dürres Laub knistert. Die Stadt vor der Hitze auf eine Insel im Tiber geflohen. Als könne hier das Wasser nicht sieden und die Insel samt Rom ewig bestehen. Der Tod, der Welt nicht abhandengekommen, wandelt ungebeten durch das Flüstern in den Apsiden. Was wollte man der Mutter Gottes mitteilen? In summa ist der eigene Schmerz immer noch am nächsten. Eine Kerze angezündet für das nicht Erfüllbare und das eigene Heil. Dabei kommt die Stille aus den Augen der Flüchtigen. Wegsehen, weghören, weggehen. Und verkündige ihnen wie große Wohltat dir der Herr getan und sich deiner erbarmt hat. Geduld ist kein Spiel. Dann lieber warten in der Schlange, wo jeder auf seinem Schatten steht und mit der Hand im marmornen Maul des Löwen auf den Biß der Wahrheit hofft. Und zum Schluß die Kuppel der Basilika Sant Pietro durch ein Schlüsselloch betrachtet, als führe da hindurch der Weg ins Himmelreich.

Mainschleife

Sein unerhörter Lauf darin das Licht verdunkelt, er fließt geruhsam und doch ist die Gewalt der Flut zu spüren, sein Glitzern ist Verführung, doch hüte dich, ihn tiefer zu ergründen. In den Fugen der Ufermauern schimmern seine Tränen und der Duft von frisch gemähten Wiesen scheint mit ihm dahinzufließen, nur gestört vom Schwirren der Schwalben. Und wenn der Himmel grau wie Schiefer wird, glaubt man weder dem Grün des Grases noch dem Gesang der Lerchen, dann färbt sich auch das Wasser schiefrig und strömt gespiegelt ins Firmament, wässert dabei Weinberge und Hänge voller Apfelbäume. Nur ein Rest von Grau würgt noch im Hals. Dagegen hilf ein Wipfelder Zehntgraf und Brot in kleinen Bissen. Man achte auf die Ameisen zu Füßen, die nichts auf der Welt mehr interessiert als die herabgefallenen Brotkrumen.

Die Dörfer versuchen sich der Macht des Flusses zu entziehen, verschanzt hinter Dämmen, unter schwankendem Sturmgeläut in den Turmstuben der Kirchen. Stein um Stein zu Bauwerken geschichtet, speichern sie die Wärme des Sommers. Brennt sich die Sonne ein in die Fenster und Tore, flimmert es in den Höfen, als gäb´s nur noch Katzen und Erinnerungen an abgeflossene Zeiten mit wechselnden Pegelständen. Zukunft aus Beton wächst in Kuben und Zylindern aus dem Boden der Industriegelände, hochgesichert hinter Stacheldraht, praktisch und humorlos. Selbst der Sand aus dem Schwemmland des Mains wird verhökert. Eine Mondlandschaft mit bizarren Kratern, tief in das Antlitz der Flußaue gebaggert. Der Kreislauf der Natur zu einem Förderband geöffnet, Wachstum auf Sand gebaut, der abgebaut wird, als säße man nicht auf dem sprichwörtlichen Ast mit der Säge in der Faust. Aber hinter der nächsten Biegung des Flusses hebt der Tag noch einmal an und läßt die alten Dörfer, die Städte, Mauern und Türme, die Wallfahrtskirchen Maria im Sande, die Häuser im Weinberg und die Klöster an den Ufern in der Stille schweben. Mitten im Strom zieht die Prozession der Mainfische vorüber: Brasse, Hecht, Zander, Barbe, Grasfisch und Karausche. Und die Brücken wölben ihre Bogen von Ufer zu Ufer, als könne der Main kein Wässerchen trüben. Die Schatten der Ertrunkenen bleiben verborgen im Schilf. Eile tut not, denn später wird das Wasser zu kalt sein, um das Leben noch ändern zu können.

Selbst in der Provence

I Stachel

Nacht, Einsamkeit schmutzig, die Flasche leer, Motten versengen sich am Flammenmantel des Totenlichts. Und du schaust nicht hin, verlassen vom erkennenden Selbst, weißt dich unterm Mond, im Schatten des Mont Ventoux, das Ohr auf die flache Hand gebettet, über dem Sargbrett der Tischkante, selbst vom Schlaf vergessen, mit einem schmerzenden Stachel unter der Haut.

II Distel

Ruthenische Kugeldistel vor dem Saum der Flamme, ein Morgenstern auf schwankendem Stiel in brenzliger Luft. Als ich ihrem wehrhaften Blütenball zu nahekomme, reißt ihr strahlendes Blau eine Blutspur in meine Wange. Schweißperlen im glänzenden Kontrast. Ich, gezeichnet von der unberührbaren Schönen, kann nicht mehr ruhen auf einem fernen Stern. Und wenn die Distel Feuer fängt, kehre ich, ohne meine geflügelten Gedanken vom Körperlichen zum Unkörperlichen hinüberschwingen zu können, versehrt in das Blickfeld des Berges zurück.

III Motten

Wo war die Sonne, als die Planeten grußlos voneinander schieden, Schnee und Blut im Angesicht. Das Eis schmolz nicht mehr unterm formlosen Himmel, Distelbilder an den zugefrorenen Fenstern. Selbst wenn ich im Atemhauch von Ochs und Esel in der Krippe gelegen hätte, wären mir niemals Flügel gewachsen. Dir kannst du nicht entfliehen, wußten schon Propheten und Sibyllen. Und ich sah, wie aus dem Flammenmantel der Kerze die Seelen verbrannter Motten im flackernden Licht taumelnd aufstiegen.

IV Distelfalter

Ich wollte gehen hin, zu bewundern die Höhen der Berge, das mächtige Wogen des Meeres, die breiten Gefälle der Ströme, die Weiten des Ozeans und den Lauf der Gestirne. Doch nun flüchte ich in den Duft von Thymian und Minze, folge der Spur des Distelfalters, bis er wieder Raupe wird, bis ich auf seinem Leib die Dornen zählen kann, liebt mich, liebt mich nicht, liebt mich. Rückweg in der Nacht, ohne des mit spitzen Steinen übersäten Wegs zu achten. Käme ich nach Hause, soll mir, bevor ich eintrete, eine Mönchgrasmücke die Beichte abnehmen. Rasselnd fahren Jalousien hinterrücks herab. Also bin ich doch der Welt abhandengekommen.

Sörenberger Sonett

Wie wunderbar, wenn sich der Fels abkühlt,
Hinaufzuschauen, wo die Wolkenschiffe schweben,
Darunter Schatten neu das Tal beleben
Und ein Windstoß in dem Grau des Nebels wühlt.

Man entdeckt, von der Gedanken Flut umspült,
Wie alle Gipfel nach den Wolken streben,
Das All, in dem sich kalte Blitze regen,
Anwesend ist, unendlich und doch nichts fühlt.

Sternbilder, Licht erfüllte Grillenfänger,
Sie lassen sich von keiner Hoffnung stören,
Und ziehen ewig hin als Widergänger,

Die das Gesetz von Raum und Zeit beschwören.
Die Berge rücken näher, das Tal wird eng und enger.
Still, bald ist nur mein Herzschlag noch zu hören

Elementarteile

Rinde

Die Rinde mit ihren Rissen ist vollkommen und kennt keinen Schmerz, Rüstung des Stamms und Grenze zugleich nur auf sich selbst bedacht, ganz Funktion für die Lebensströme hinauf in den Wipfel. Sie ist die Erfüllung des eigenen Zwecks am Rand des wachsenden Holzes. Mitunter bildet sie blinde Augen, aus denen Baumwachs in glänzenden Tränen rinnt. Nichts weiß sie von der Kraft der Jahresringe, von den Erinnerungen an vergangene und kommende Jahreszeiten und ihren Gerüchen. Ihre Farbe passt in jede Landschaft, ihre Topografie bleibt unvermessen. Täler, Gebirge und Schrunden über die der Baumläufer huscht. Denke ich an die Zärtlichkeit der Buchen und die Würde der Eichen, höre ich das Geräusch eindringenden Stahls, Sägezahn, Keile, Nägel. Holz kreischt, wenn die Rinde kapituliert hat. Sie, die sich zu nichts anstiften läßt, dient mit bläulicher Flamme bis zum Schluß. Asche bleibt, die im Wind verfliegt.

Wolken

Vergiß die Wolken nicht, auch jene nicht, die nur Minuten blühen. Auf sie zu warten, um mit ihrem Schattenwurf über Land zu gehen, reicht nicht aus, um zu verstehen, dass ihre Flüchtigkeit nach einem Bild in uns verlangt.

Suche in den Wolken Wesen mit Gesichtern von Tieren und Dämonen. Sie erscheinen zwar als Orakel, doch ist es ihnen gleichgültig, was mit uns in der Zukunft geschieht. Manchmal dringen sie durch die Augen in uns ein und hinterlassen eine weiche Verwüstung. Gebrochene Wolken sind furchtbar, aber nicht strafmündig, weder Rauch noch Qualm. Es gibt keine Freiheit über ihnen, nur Grenzen, an denen sie sich auflösen, ohne Spuren zu hinterlassen. Selbst ihre Spiegelbilder in einem Dorfteich bleiben ohne Folgen.

Wolken lassen sich nur schwer verarbeiten. Versuche, Schleierwolke im Labor zu weben, scheiterten an den Gesetzen der Natur.

Bedenke, daß Wolken nur entstehen können, wenn warme Luft aufsteigend abkühlt. Dadurch ist die Würde der Wolke unangreifbar, auch wenn sie gewissenlos ist.

Vergiß nicht, daß ihre flüchtige Anwesenheit ausreicht, um eine Sehnsucht in uns zu wecken, die immer wieder die Tür vor dem Abgrund in uns zu schließen vermag.

Geduld der Steine

Die Geduld der Steine bis zum finalen Schlag, der die Täler weckt. Keiner lobt ihre Standhaftigkeit in den Fundamenten der Kathedralen, nicht ihre Demut und auch nicht ihr Schweigen Jahrhunderte lang. Wären da nicht Fugen und Risse, in denen die Dunkelheit nistet und das Wasser arbeitet für kommende Schläge. Die Geduld der Steine ist eine Frage der Energie, ihre Entfesselung erfolgt mit Neun Komma Acht Eins Meter pro Sekunde zum Quadrat. Aber wer vermutet schon die Präzision der Zerstörung, wenn die Steine im Strebewerk den Gewölbeschub und die Windlast aus dem Mittelschiff einer Basilika ableiten und im Maßwerk der Fenster als Rosetten erblühen. Die Unschuld der Steine ist erwiesen. Nur die Unschuld des Werfers mit dem Stein in der Hand ist ungewiß. Wenn er wirft, steht sein Urteil fest, wie eine Inschrift in Stein gemeißelt.

Sand

Er spricht nicht mit uns über die Makellosigkeit seiner Existenz, die er der Schwerkraft, dem Wind und dem fließenden Wasser verdankt. Sein Standort befindet sich in der Dimension der Zeit, die Herr ist über ihn. Der Sand weiß weder von seinem Wert noch seiner Flüchtigkeit. Unauffällig hält er von Fuge zu Fuge die Mauerwerke der Welt zusammen. Demut und Einfalt des Sandes werden sichtbar in den Dünen, die das Meer säumen, Strandhafer auf den Häuptern. Ich mache mich schuldig am Sand, wenn ich ihn mit Füßen trete, auf ihn baue oder durch die Finger rieseln lasse. Er läßt sich nicht beherrschen. Er tut nur so, wenn wir ihn schaufeln, sieben und mischen, schert sich nicht um uns, läuft nicht einmal dem Wind hinterher. Sand, genau betrachtet, gibt es gar nicht, nur das einzelne Korn, rund geschliffen im Meer, eckig im Beton verborgen. An seine Langmut haben wir uns gewöhnt, ohne zu merken, wie nahe sie der Gleichgültigkeit steht. Obwohl der Sand uns nicht braucht, schmirgelt er in den Wüsten der Welt unsere Knochen blitzblank und deckt uns zu. Bruder der Ewigkeit, Sand, der kein Mitleid kennt.

Im Archiv der Stille

Hier ist die Stille ganz anders, mit Namen versehen, alphabetisch geordnet von A, wie Abglanz bis T, wie Totenstille. Wo aber gehört die Stille vor dem Urknall hin, die Ur-Stille, und jene, die eintritt, wenn sich die Flügel eines Zitronenfalters geöffnet haben. Auch die Stille im Abstand von Wort zu Wort, zwischen den Sekunden und in der Musik als Generalpause, wenn sämtliche Stimmen plötzlich verstummen, wird hier aufbewahrt, nutzbar gemacht und zeitlich unbegrenzt erhalten. Physikalisch gesehen eine Herausforderung, denn Stille benötigt Null Grad Kelvin. Erst dann ist der absolute Stillstand aller Teilchen gewährleistet. Die absolute Stille. In den Findbüchern steht sie eingetragen als die große Schwester der Offenbarung und als Nahrung der Weisheit, die nur in ihr wachsen kann. Mich betrachtet die Stille unbewegt aus dem Dunkel des Raums und hebt sich auf im Erhabenen, wenn ich rede, trotz des Verbots. Die Stille weiß um ihre unerhörte Wirkung, bleibt anwesend und fraglos archivwürdig, auch wenn sie sich nur scheinbar ordnen lässt. Da sie Abgrund und Himmel zugleich meidet, sind Seelen im Archiv der Stille ausdrücklich willkommen, solange sie sich ruhig verhalten, seelenruhig. Ein Grenzfall im Archiv bilden die Werke Florentinischer Maler, die der Stille eine Perspektive gaben, durch die man, wie durch ein offenes Fenster, ihre Stimme im Schnittpunkt des Unendlichen zu hören vermeint.
Da Stille unerträglich sein kann, erfolgt die Benutzung des Archivs auf eigene Gefahr.

Schreibtisch

Auf meinem Schreibtisch ist die Welt überschaubar und richtet sich nach meinem Ordnungssinn. Sie ist also in Ordnung. Dabei regelaber nicht sorglos. Auch nicht von Wettern geplagt. Durchzug ist zu vermeiden. Blindlings finde ich mit einem Griff den gespitzten Bleistift, den Radiergummi und parallel dazu den Füllfederhalter. Ein unbeschriebenes Blatt wartet auf den ersten Strich, einen Schnörkel, einen Beginn, auf ein wiederentdecktes Semikolon, an der richtigen Stelle platziert. Das Tintenglas hat Zeit. Gelassen steht es im Schatten der Löschwiege. Der Deckel, Hut und Kopf zugleich, birgt einen Schneckengang im Innern. Büroklammern verharren in Reichweite. Briefe, Skizzen und, zugegeben, ein, zwei verlegte Dinge können warten. Denn hier geht nichts verloren. Die Zeiteinheiten des Schreibtischs sind eine endliche Folge von jedem Gestern, jedem Heute und allen kommenden Morgen auf Länge mal Breite der Schreibtischplatte bezogen.

Laub

Blätter vom Baum geweht wie Gedanken des Herbstes. Im Atem des himmlischen Kinds wirbeln Erinnerungen an ausgeträumte Tage und Nächte durch die Luft, verblassen in der Dämmerung. Letzte Hoffnungen ziehen im Windschatten der Kraniche vorüber und finden Ruhe in den Ackerfurchen, während der Wolken Zug dem unsichtbaren Fingerzeig der Naturgesetze folgt. Behutsam breitet der Nebel seine Gewänder über den Bleichanger am Fluß und wartet auf den Mond, der das Laub für einen Moment flüchtiger Unendlichkeit silberfarben aufschimmern läßt. Und doch sind es nur überjährige Blätter vom Baum geweht.

Stein

Der Stein behütet die vollkommene Stille, nur seiner Trägheit verpflichtet. Ihm kann man nichts vorwerfen. Der Stein ist frei von Sünde, er will nicht treffen. Am liebsten liegt er am Rand eines Abgrunds und achtet auf seine Form. Der Stein ist erfüllt vom Sinn des Schweigens und dadurch wortlos und ohne Geruch. Der Geschmack von Steinen erinnert an Fensterglas, an dem Regenwasser herabläuft. Sie sind gesund und nicht ansteckend. In der Hand ist der Stein ein mit Blindheit geschlagenes Auge. Doch jammert er nicht. Hält man ihn ans Ohr, hört man ein kosmisches Flüstern. Bleibt nur die Schwere des Steins, wenn er ruht. Sie ist seine Eigenschaft. Fällt er frei, wird ein Chor kreischender Luftmoleküle hörbar, bis er auf dem Boden der Tatsachen aufschlägt. Woher der Stein kommt, wissen wir nicht. Steine sind prinzipiell traurig.

Birke

Wo wir auf Lichtinseln im Schatten ausruhen, jede so groß wie ein Birkenblatt. Der Wind sitzt über uns auf einem Ast und singt mit der Stimme einer Gartengrasmücke. Wir können sehen, wie unsere Träume auf Eidechsenfüßen über die Rinde am Stamm huschen, Lichtreflexe zwischen den Zweigen, während wir uns von Grashalmen ernähren. Später fallen die Jahresringe über uns, kleine Schlingen an den Gelenken, um den Hals. Ich höre das Flüstern des Grases, wenn du plötzlich entfesselt auf Fledermausflügeln davonfliegst. Ich bleibe zurück, verwurzelt im Untergrund. Bebt die Erde und knarrt der Stamm, haarfeine Risse in der Rinde, Raureif deckt die Augen zu, die Jahreszeiten wechseln nicht mehr. Und schwebt ein Birkenblatt zu Boden, fällt mit ihm die letzte Hoffnung ab.

Felsen

Ihre Existenz ist zweifelsfrei. Deshalb kennen sie keine Schweißausbrüche und führen niemals Gespräche mit Regenpfeifern über den Hunger sauer gewordener Grummetgräser. In Brandungen beweisen sie ihre sprichwörtliche Standhaftigkeit. Obwohl Nebenprodukte der Schöpfung, wurde der Apostel Simon, genannt Petrus, der Felsen des Herrn. Zwischenmenschlich sind sie vollkommen erfüllt von ihrem Sinn, da zu sein. Daraus resultiert, daß sie sich unparteilich verhalten. Felsen lösen sich nur, um der Veränderung willen. Sie äußern sich nicht zu den Wirkungen, die sie im Fall des Falls hinterlassen. Den Felsen erkennen wir, wenn er, die Erdoberfläche durchstoßend, sein verwittertes Antlitz zeigt. Ich fühle seinen Vorwurf, weil wir ihm Gewalt antun, wenn wir seinen Leib zerstückeln. Felsen lassen nicht mit sich reden. Sie bedenken nicht das Ende, sondern ertragen uns mit stoischer Gleichgültigkeit. Manchmal wohnen heilige Nymphen in ihnen und geben im Schutz der Felsen jeglichem gern, was er im Stillen begehrt. Aber nicht einmal das bemerken wir.

Kirschen

Grüne Kirschen, unreife Einsamkeit. Im Glanz ihrer Schalen verbrennt die Sonne, der Himmel glüht. Zwischen den Blättern Vogelaugen, aus denen die Stille blickt. Es tropft aus dem Netz gerissener Adern. Ein Blutstrom zu den Trauerweiden hin. Die Fähre aufs Trockene gesetzt. Hunde bellen. Ein letzter Gruß über die Ufer, ehe die Sonne versinkt. Heimkehr zu den grünen Kirschen, die sich im Abendrot spiegeln, Tollkirschen, keine Zeit mehr für Reife, durchs Labyrinth der Brust rollen die kirschgroßen Kugeln und vergiften die Nacht.

Staub

Von den Nichtigkeiten bleibt uns der Staub, den wir durchwühlen, der uns nährt, abseits der Gleichgültigkeit wechselhafter Schatten und des Winds. Blütenpollen, Hausstaub, Bakterien, Pilzsporen, Gesteinsstaub, Mineralfasern – was für ein Schweben und Wirbeln in dieser Welt. Er kann sich nicht wehren gegen das Vorurteil der Nutzlosigkeit und auch nicht gegen die Gewohnheit von Helden, lang hingestreckt in ihm zu verbluten. Staub ist materielle Stille. Wenn die Donner grollen, wird der Staub nach dem Boden hingefeuchtet. Und es wirkt in ihm eine Kraft, die irdische Bezirke grünen läßt. Staub ist unschuldig an seinem schlechten Leumund, wenn er mit jedem Atemzug demütig eindringt in die Kapillare unserer vergänglichen Systeme und ein Teil von uns wird. Denn in den Staub schrieb die Hand Gottes längst unsere Namen. Und so verabscheut er leeres Gerede angesichts der Endgültigkeit seiner Vermengung mit unseren verweslichen Leibern. Der blinde Staub ist gerecht: am Jüngsten Tag breitet er über uns alle sein fadenscheiniges Tuch, voller Gnade, rücksichtslos.

Schneckenhäuser

Schneckenhäuser sind zerbrechlich und damit vollkommene Wesen. Eine Daseinsform am Rand der Lebenspfade, randvoll mit Eigensinn, Stille und Schatten, dabei leer aber erfüllt vom Sinn des Goldenen Schnitts. Kleine freistehende Gebäude, solitär in der jeweiligen Lage ihrer Existenz, dabei vorbildlich in nobler Zurückhaltung unter einem Schlehengebüsch. Ihre Offenheit und Gastlichkeit bilden, eingedreht in die Spirale unter dem Apex, eine sichere Zuflucht für unbedeutende Träume. In die Hand genommen, offenbaren sie ihre unabhängige Schönheit und betrachten uns ohne Vorwurf aus einer leeren Augenhöhle. Sie enden als Urnen auf dem großen Friedhof des Nebensächlichen. Das Zerstören von Schneckenhäusern ist strafbar.

Felsen am Meer

Vergessen, achtlos liegengelassen zwischen zwei Aquarellstrichen, die ineinanderfließen, bis das Meer aus dem Blattgrund tropft. So liegen sie am Rand des Bildes aufgetürmt, noch feucht und vom Salz zerfressen. Sie schauen aus versteinerten Augen auf den Betrachter, als vermuteten sie das Meereswogen in seinen Augen, als kämen von dort der Sturm und die Möwe über sie, die Vergessenen, die Duldsamen, in die Trockenheit eines Blattes Verbannten.

Kunstblumenstilleben

Die Stille zwischen den Kunstblumen bettelt um Beachtung vor einem Hintergrund, der sich bis zum Zerreißen spannt.
Denn sie sind dazu verdammt, still zu sein. Regungslos beharren sie auf der Natürlichkeit ihrer handgemachten Schönheit. Und doch kann man sie hören, jene Kunstblumen, die etwas zu verkünden haben. Was ist das aber für ein Stillleben, das nicht schweigen kann, inmitten seiner bildhaften Unruhe aus Flächen, Grenzen und Überlagerungen, die genau um ihre Wirkung wissen und allen Blicken mit stillem Vorwurf standhalten. Denn die Nelke, die Rose, die Aster mit dem Draht im Leib sind gepeinigt von der Ahnung, in Reih und Glied vor der Metallwand einer Schießbude aufgesteckt, über Kimme und Korn einfach abgeschossen zu werden.

Sieben Notate über dem Schatten der Elsbeere

Elsenlöckchen

Weder die Nähe deines Schattens hinter der Mauer des Friedhofs noch der Lichtschein durch den Spalt deines Stammes, noch die Abfolge der Jahreszeiten, die dich schmücken oder bloßstellen, sind so rätselhaft, wie der Gesang einer Grasmücke auf jenem höchsten Zweig deiner Krone. Wie durch ein Wunder geschieht Jahr für Jahr deine Wiedergeburt durch die Zärtlichkeit eines unsteten Frühlings, durch die Kraft des Lichts, ruhig und strahlend wie das Glück, das kostbar auf den Blättern glänzt. Trugdolden mit weißen Einzelblüten - komme ich vorüber, sind sie verweht. Es bleiben deine Früchte, Ruhrbirnen gegen Bauchgrimmen, gegen Herzschmerz. Immer wirst du am anderen Ufer meines Lebens stehen und auf mich warten, bis ich über die Mauer steige und endgültig angekommen bin. Dann werde ich über deine Rinde streichen, die Elsenlöckchen um meine Finger wickeln und dich hinter der Mauer so sehen, wie du am Tag eins der Schöpfung der Zeit enthoben warst, ohne Stamm, Krone, Blüte und Frucht, nur Schatten, über dem eine Grasmücke singt.

Pfahlwurzel

Elsbeere, mein Baum der Erkenntnis von Gut und Böse. Nicht unter deinem Blätterdach, sondern abseits im Schatten des Lebensbaums erkannten wir uns in der Schwüle der Tage und fühlten schmerzhaft deine Pfahlwurzel in unserem Fleisch. Hoffnung ruht in deinem Herzwurzelsystem im Kalkboden, aus dem auch Wein wächst, und du dich wohlfühlst. Hier, in deinem Schatten tranken wir den Wein der Erkenntnis und wurden Adam und Else. Denn deine Früchte waren leider ungenießbar. Aber dann lehrte uns der Teufel, den Adlitzbeerenschnaps zu brennen, und ein zorniger Engel kam herab vom Himmel und räumte mit dem Schwert die Landschaft aus. Wir blieben im Schweiße unseres Angesichts zurück in einem Meer aus Raps, umzingelt von Windkrafträdern. Und als das letzte Glas geleert war, pflanzten wir uns fort.

Jahresringe

Zu dir, Baum, kehre ich heim. Über mir das Flüstern der Blätter, unter der Hand das Schweigen der Rinde, tief unter mir das Stöhnen der Wurzeln. Meine gealterte Seele ist müde vom Wandern. Mein Besitz sind die vergangenen Jahre. Ich grabe vergebens im Schatten der Krone, den eigenen Wurzelgrund zu finden und gedenke derer, die einst Gespräche wie Bäume pflanzten. Aus der rauen Rinde des Stamms starrt mich meine Maske an. Risse, Falten, totes Holz. Und über mir Früchte, herb, wie das Unreife, das ich auf meinem Rücken durch die Gegend schleppe. Elsbeere, Allegorie der Einsamkeit, auf einem Ast werde ich hocken, bis die Axt angelegt wird. Am Ende jongliert ein gewitzter Furniermacher mit Jahresringen, ehe er meinen Schatten auf ein Möbel leimt, verborgen unter einer hauchdünnen Holzschicht mit der Maserung der Elsbeere – was für ein Grab.

Sorbus torminalis

Gewicht frisch circa tausend, lufttrocken siebenhundertfünfzig, darrtrocken siebenhundertzwanzig Kilogramm pro Kubikmeter, Rohdichte lufttrocken nullkommasiebenfünf Gramm pro Kubikzentimeter. Druckfestigkeit dreiundfünfzig, Biegefestigkeit einhundertacht und Biegung elftausendsiebenhundert Newton pro Millimeter zum Quadrat. pH-Wert vierkommaacht. Höhere Klassifizierung: Torminaria, Familie: Rosengewächse, Gattung: Mehlbeeren. Preis tausendsechshundert bis zweitausendzweihundert Euro pro Kubikmeter. Letzte Worte für Sorbus torminalis: wärmeliebend, sommergrün, aufrecht, selten.

Schattenwurf

Die Kraft des Lichts über der Dünung der Baumkrone im Blätterrauschen. Darüber die Sterne irrlichternd in der Heiterkeit einer Sommernacht. Die Unverrückbarkeit der Dinge ist sichtbar im Wuchs des Stammes und in der Logik aus Keimen, Wachsen, Blühen und Verwesen. Und doch werde ich Gott als Zeugen anrufen müssen, dessen Antlitz in die Rinde der Elsbeere gekerbt zu seien scheint. Sein Schatten als Schattenwurf in ihrem Bannkreis, ein Kosmos aus Wurzelwerk, Stamm und Krone. Hier wird die Geduld sichtbar, die kein Naturgesetz erklären kann. Wenn der Baum stirbt, was wird dann aus seinem Schatten, abgewinkelt auf eine Trockenmauer projiziert. Noch ist die Energie seiner Existenz im Wandel der Jahreszeiten spürbar.

Lied

Den ich kenne, Elsbeerbaum,
Dessen Rauschen mich erfreute,
Ist der Traum von dir nur Schaum,
War es gestern, war es heute?

In dem Traum erfreute mich,
Krone windbewegt im Blauen,
Blatt an Blatt herzförmig, dich
Immer wieder anzuschauen.

Wiesen, Weiden, Wälder, Feld
Nummerierte Asservate.
Rauschend, fern, am Rand der Welt
Baum und Busch nur noch Zitate.

Blitzdurchzuckte Wetterwand,
Jedes Blatt mußte sich wenden,
Faule Beeren in der Hand,
Lebenswille wird bald enden.

Den ich kenne, Elsbeerbaum,
Wenn er wankt auf dünnen Matten,
Endet dieser letzte Traum.
Und mich deckt des Baumes Schatten.

Kontertanz

Ich tanze um den Elsbeerbaum,
Er rüttelt sich und schüttelt sich,
Wirft Blütenblätter über mich,
Doch nur im Traum.
Ich krieche um den Elsbeerbaum,
Er spürt mich nicht, er rührt sich nicht,
Streckt Galgenäste über mich,
Doch nur im Traum.
Ich liege unterm Elsbeerbaum
Und träume mich ins Abendrot.
Durch mich und diesen stillen Raum
Wandelt der Tod.

Kammermusik

Landschaft mit Zugabe

(Für Adelheid Wiegering)

Meine Landschaft besteht aus Rhythmen, Harmonien und Dissonanzen gefüllt mit Urtönen vom Grund der Bäche, den Koloraturen des Sturms und dem strahlenden Fortissimo über den Gipfeln meiner Mittelgebirge.

Auftakt mit Orgeltönen des Winds, den Stimmen der Vögel und dem Chor von Grillen und Heuschrecken.

Satzpause.

Ich erblinde ganz Ohr und sehe die Prozession absteigender Bässe und aufsteigender Oberstimmen wie im richtigen Leben. Geschichten ohne Worte.

Prompt stolpere ich am Übergang von einer Tonart zur anderen.

Ich habe mich in meiner Landschaft verlaufen und bin im Tonkreis alla breve gegangen, bis mich das Schlagwerk eines Gewitters aus der Kurve trägt.

Satzpause.

Regen rauscht in C-Dur, und ein Zwischenspiel tropft rhythmisch von Fliederblüten herab. Echos als Synkopen.

Aber ich fasse wieder Schritt. Bequem und behaglich geht es hinauf in die dritte Oktave. Sprosse für Sprosse, bis der Aufstieg außer Atem und zugleich hochgestimmt endet.

Satzpause.

Nun kommt die Nacht. Schon singt die Dunkelheit herzergreifend wie ein Kind aus der Partitur meines Lebens. Und im Finale klingen Gebirge, Tal und Garten noch einmal vor der großen Stille, rötlich bekränzt vom Horizont in reinem Moll.

Während das Publikum die Augen schließt, fasse ich mir ein Herz und singe mit der Stimme einer Nachtigall, a capella, die allfällige Zugabe vom Mond, der aufgegangen ist.

Singstimmen

Dämmerung liegt wie Mehltau auf Blättern und Blüten der Kapitelle, deren Schatten sich, vom Atemhauch der Heiligen berührt, zu bewegen scheinen. Eine Mondsichelmadonna schwebt durch den Triumphbogen. Stein gewordene Geste der Stille umrahmt vom Strahlenkranz. Dann singt der Chor der Apostel, Jungfrauen und Engel Gott zum Lob und allen Verstummten zum Trost. Während das Notenblatt wendet, füllt sich die Leere im Innern mit erdigen Farben und der Oktavton der Erdrotation wird fühlbar. Das Kirchenschiff legt ab und treibt dahin auf hohen Wellen über den schwingenden Urgrund der Fundamente. Keine Taube in Sicht mit dem Ölzweig im Schnabel. Hörbar nur noch der Singsang der Sirenen, von denen die Sage erzählt.

Vier Episoden Margarete betreffend

I Tauben

Vor dem Fenster lag die Welt mit einer Teppichstange im Blickfeld. Oben ein rechteckiges Stück Himmel, gegenüber die Brandmauer des Nachbarhauses, standfest und endgültig, von Kriegen verschont. Efeu kletterte verschlungen über Risse und Schrunden der Mauerkrone entgegen. Dort hockten Tauben mit ihren hochfliegenden Träumen unter den Schwingen.

II Brandmauer

Im Zimmer saß Margarete, eine alternde Frau mit der Seele eines Mädchens. Sie blätterte in verschlissenen Notenbüchern. Konzert für Gitarre und Orchester Nr. 1, A-Dur, op. 30 von Giuliani. Sie wischte Staub von den Tasten eines Klaviers, sie strich behutsam über die Saiten einer Gitarre. Sie trat ans Fenster und zählte die Tauben. Kein Lächeln, das ihre Lippen teilte. Auf Fotos spiegelten die Augen einer jungen Margarete warmes Licht aus einer anderen Zeit, die vergangen war. Das bin doch ich, sagte eine Stimme. Aber Margarete blickte schon wieder aus dem Fenster, wo die Tauben auf und nieder flogen vor jener Brandmauer des Nachbarhauses, die beständig wuchs, standfest und endgültig.

III Tonleiter

Margarete wartete auf Schüler. Sie wartete immer auf Schüler, die zu spät, mit Ausreden, ohne Talent und mit verstimmten Instrumenten kamen. EIN ANFÄNGER DES GITARRESPIELS HABE EIFER. Tonleiter, flüsterte sie. Ein Fis, kein F. Sieben leichte Etüden, Op. 60 von Fernando Sor. Ich darf doch bitten. Und wieder Tonleiter mit drei Kreuzen, rauf und runter wie das Leben. Ach, das Leben war doch keine Tonleiter. Es ging nicht mehr rauf, nicht runter. Es blieb sich immer gleich, wie ein Rauschen im Ohr oder ein Missklang. Manchmal sang sie mit zitterndem Sopran ein Wiegenlied zur Gitarre. Das Lied wurde immer leiser und verhauchte schließlich hinter ihren Träumen.

IV Wiegenlied

Die Schüler schlichen auf Zehenspitzen aus ihrer Welt. Einige schleiften die Stille des Zimmers mit sich fort oder trugen selbst schon die Keime der Einsamkeit in sich verborgen. Sie drehten sich manchmal auf dem Gehweg um und blickten scheu hinauf zum Fenster, wo Margarete im Schatten der Brandmauer saß und aufsah zu einem Rechteck aus Himmel. Und manchmal hing plötzlich dieser Himmel voller Gitarren, dann hielt sie den Atem an und das Wiegenlied kehrte aus der Tiefe des Zimmers zurück, von jener jugendlichen Margarete gesungen und ihr schwacher Körper fing an zu schwingen. Vor ihr, auf einem Brett, keimten Kresse und Linsen in feuchten Wattebeeten.

Pirol bei Kaatschen, Mai 2019

Wenn ich an meine Kindheit denke, höre ich den klangvollen Gesang des Pirols, der, sich überschlagend, zum Ohrwurm meines Daseins wurde. Als mich an jenem Maitag sein Flötenton am Ufer der Saale überraschte, traf er mitten ins Herz. Und die Tür hinaus in mein Leben schien sich noch einmal einen Spaltbreit zu öffnen, als wär‘s nicht schon längst den Fluß hinuntergetrieben. Und ich trank mit letzter Gewißheit den Tultewitzer Weißburgunder, während wieder jener gelbe Ruf ertönte, der in Kaatschen das Zauberwort traf: Und die Welt hob an zu singen.

Orpheus in der Muschelnische

Bei Wind und Wechselbädern bewahrt er Haltung mit einer Lanze in der Faust, reglos auf dem Standbein stehend, das aus dem Stein herauswächst, während das Spielbein auf einen Befehl zu warten scheint. Der Blick hinauf ins Imaginäre gerichtet. Jetzt ist auch Musik zu hören. Frequenzen und Amplituden in den Sphären und hinab auf das Haupt von Lorbeer umkränzt. Eine gestaltete Mahnung. Er blickt aus der Nische weit über uns hinweg, als käme die einzig mögliche Bewegung in seinem Innern doch noch zustande. Aber er weiß nichts von der Drehung um die eigene Achse, die sein Dasein erschließt. Sonst wäre es noch stiller um ihn herum und in uns. Warten auf den Klang der Lyra, auf das Flattern seines Gewands, das schwer an ihm herabfällt, eine Ewigkeit lang. Nur die Lanze weiß, was sie erfüllen soll, schräg nach oben gerichtet in seiner Faust, zwischen Geduld und Ungeduld schwankend.

Finales Wortspiel

Die Abstände zwischen den Wörtern, Gedächtnislücken, Stille, Verschweigen oder Demut, ein Romantiker glaubt Wahrheit zu wagen. Immer hoffen wir den Fall des Vergessens ins Nichts verzögern zu können, wohlwissend, daß die Lügen dahinter farblos sind, unauffällige Biedermänner mit dem Finger am Abzug. Also die Abstände, lang oder kurz, Atempausen, Luft anhalten, dazu kommen die Schreibfehler, Täuschungsmanöver, die einen Tintenfleck hinterlassen. Aber Beeilung tut Not, denn oben beginnt schon der Riß quer durch das Blatt Papier, bleicher Bruder, mein Gesicht als Metapher einer abgebrochenen Zeile. Meine Feigheit aufgehängt in einem unvollendeten Krakel. Drum lebe die Zerrissenheit in einer Wolke aus Papierschnitzeln. Oder die Papierflieger mit meinen Botschaften gegen den Wind, aufgefangen von Analphabeten, die lesen könnten, aber nicht verstehen wollen. Ich schreibe handschriftlich, also müßte ich doch sein. Aber da faltet schon eine Hand das Papier, faltet und faltet und steckt es in den Rachen. Kurzer Kampf. Röcheln. Stille.

Abendlied

Die Unterlippe aufgerissen, Bißspuren, der Geschmack von Blut, Gerüche in der Mundhöhle, im Rachenraum ein saurer Sud, graue Erinnerungen wie Haare wuchernd aus Nasenlöchern unter kahler Schädeldecke, wo An- und Aussicht still verknöchern. Blick nicht zurück. Der Schatten, der im Dunkeln sich verflüchtigt, weiß nicht, daß Schmerzen tief in Augenhöhlen nisten, wie greller Funken Licht. Verlockungen dagegen sind immer rosig und frisch durchblutet. Noch einmal werden die geleerten Tanks in Brust und Hirn geflutet mit nichts als Trübsinn und dem Vergessenwerden. Gelöschte Brände. In der Landschaft hinterm Herz singt noch ein Vogel vom andren Ende.

Chopin, Sonate Nr. 3 h-Moll op. 58, IV.

Finale: Presto, ma non tanto, agitato

Die Mittelstimmen eröffneten das Rondo mit großer Gebärde, wuchtig und dissonant, ein aufschäumender Überfluß aus den Herzkammern der Musik, rücksichtslos und doch klug berechnet. Als ich eine Frage stellen wollte, war die Antwort bereits mit gelöstem Schwung linkerhand ab und rechterhand hinauf geströmt. Farben explodierten unter der Schädeldecke. Ich versank tief in meinem Körper zwischen Gedärm, Geräusch und Gestank und traf meine Seele, die mich aufforderte innezuhalten. Wir lauschten unbenommen, ich mit heiterem Erschrecken und sie mit Kennermiene. Nichts gab es zu analysieren. Die Stille mußte doch kommen und war, als sie eintraf, endgültig und unabänderlich wie ein gütiger Richtspruch.

Beweis-aufnahme

Beweisaufnahme

I
Müde gebeugt über diesen angestoßenen Tag, der in einer Kiste, aus Stunden und Regenwetter zusammengenagelt, vor sich hin klirrt. Die Welt tönt nahe: Laubgebläse, Rammsteins neue deutsche Härte, frisierte Motoren. Fern das mißverstandene Schweigen der Vögel im Walde.

II
Eigentlich will ich Gerichtstag halten über das eigene Ich. Aber mir fehlen die Schöffen und ein Verteidiger, der meine Tätlichkeiten in Taten verkehrt. Bitte kein Urteil im Namen des Volkes. Bleiben die selbsternannten Richter aus Protest, die um die Erleuchtung herumflattern und sich nicht die Finger verbrennen. Ihr Urteil: wirsinddasfolk.

III
Statt Beweisaufnahme laßt mich lieber singen das alte Anklagelied, womit es sich einlullt, das greinende Volk, der große Lümmel. Und ich? Der Himmel soll's von mir aus erhalten und seine Saaten segnen und es bewahren vor Wachstum, Abwrackprämien und Viren, besonders aber vor Heldentaten. Schütze es auch vor unsereiner.

IV
Wir belieben Deutsch zu sein. Aber bedenke, Bürger, wenn du Esel sagst, hat sich die Erde gedreht, und der Esel ist klug, wie die Krähe, die uns seit vierzigtausend Jahren studiert. Wir sind im Blickfeld dieser Geschöpfe berechenbare Größen, auch wenn sie klaglos aussterben. Vorerst forschen wir weiter über die Intelligenz der Kreaturen, während sie uns das Stöckchen hinhalten, über das wir springen. Aber trotzdem belieben wir Deutsch zu sein.

V

Überhaupt Satzbau ressourcenbewußt und ökonomisch verkürzt, also, Liebesschwüre aus Piktogrammen geformt. Allgemeinverständlich, selbst für Analphabeten mit höheren Bildungsabschlüssen. Politik eher als Tarnung. Wirtschaftsmagnaten als Puppenspieler. Vom Himmel hängen die Drähte, die wir freudig um die Hälse schlingen, um uns lenken zu lassen.

VI

Ich bin verführbar, also konsumiere ich. Ich konsumiere, also bin ich. Bleibe also verführbar.

VII

Der Herr auf dem Stuhl, die Dame auf der Stuhl*in, das nenne ich Konsequenz. Was aber, wenn die Dame auf der Stuhl und der Herr auf die Stuhl*in Platz nimmt. Klage. Statt Brüderlichkeit Schwesterlichkeit, statt Gleichheit alles gleich und statt Freiheit, ja, was denn nun? Der Tag klirrt, während die Frau übermannt und der Mann überfraut wird.

VIII

Und freitags gilt bei steigenden Temperaturen: Für Frieden, Umwelt und Zukunft, seid bereit! Immer bereit? Wir haben Verständnis. Verstehen ist eine andere Sache. Am nächsten Tag ist Wochenende – da geht's der Umwelt wieder an den Kragen. Montag Vollmond, Dienstag Dienst, Mittwoch Bergfest, Donnerstag Grollen, Freitag endlich wieder Zukunft vor dem Wochenende, liebe Vielflieger, Konsumenten, Müllmacher. Oh, junger Idealismus von Wut durchdrungen, bedenke, es gibt weder das Richtige noch das Falsche – in der Mitte liegt holdes Bescheiden oder kurz, die Tugend des

Kompromisses. Laßt die Alten nicht hängen, macht ihnen weiterhin Beine! Montags, dienstags, mittwochs, donnerstags, freitags, samstags, sonntags.

IX

Der arme Kapitalismus von einst auf den Hund gekommen. Von wegen: Produzent versus Konsumenten. So einfach ist die große Welthütte nicht gezimmert. Der Kapitalismus ist tot, es leben die gesammelten Informationen über mich. Mein digitales Ich. Die menschlichen Bedürfnisse, z.B. Notdurft, als Produkt eines Algorithmus im WWW. Früher Kapitalismus heute Algorithmus – aber die Beute geht nie aus. Eigentum verpflichtet, mahnt der Aktionär mit Blick auf seine Kurse und uns. Es lebe die Teilzeit mit ihren Folgen. Kopf hoch, ihr Empfänger von Mindestlohn. Teilhabe, welch schönes Wort. Zum Teil, na bitte.

X

Also vergesst mir die Destruenten nicht, die sich schon die Lippen lecken, wenn sie sehen, wie wir nach Atemluft japsen, nicht mehr abkühlen können, unsere kostbaren Frisuren von Taifunen zerstört werden und wir uns in die wunderbare Welt der Viren flüchten.

XI

Augen schließen. Ich beginne mit einer komplizierten Drehung um die eigene Mitte. Linkes Bein leicht angehoben, im Knie gewinkelt. Und nun mit leichtem Schwung aus der Hüfte heraus – Kopf hoch, Jäger und Sammler – Arme anmutig gehoben, die Hände zum Drehpunkt geneigt, so daß sich die Fingerspitzen beinahe berühren. Ab geht die Post. Wäre da nicht der Schmerz, der wie eine Scheibenbremse wirkt. Stopp! Arme fallen herab, Krampf links, rechtes

Bein zur Säule erstarrt. Es klirrt. So also ist das mit der Drehung um die eigene Achse – im günstigsten Falle viel schmerzliche Bewegung ohne Fortkommen und eine saftige Rechnung.

XII

Wo war ich stehengeblieben? Richtig: Freude zu Feinstaub und Lebenslust an die Leine, Protest in die Luft gejagt, Lebenslügen als Hydrokulturen auf den Fensterbänken und ein Recht auf Haarersatz fordern wir, außerdem mehr Arbeitsunfähigkeit, denn wir sind das Volk. Bleibt uns nur noch die Mitmenschlichkeit als kommunikatives System in den unsozialen Netzen, von wegen: Du sagst mir was, ich sag dir was.

XIII

Weltbilder im Taschenformat und Gefühle abrufbar jederzeit und überall, mit lG)[1] und hG)[2], denn die Liebe an sich soll trotzdem eine Ewigkeit dauern. Es wacht augenscheinlich ein Notar, der nicht verwandt sein darf mit den Beischläfern. Auch hier gilt der Datenschutz uneingeschränkt. Befruchtung der Eizelle als Selbstverwirklichung, defektfrei, pünktlich zum Kaiserschnitt mit Direktübertragung in den sozialen Netzen: Daumen hoch! Jedem Fötus eine Kaskoversicherung lebenslänglich.

XIV

Wer hat da Rotzlöffel for Präsident gesagt? Daß die amerikanische Demokratie käuflich ist, bitte schön, geschenkt. Man schämt sich beim Anblick der Freiheitsstatue mit einer Wunderkerze in der Faust. Und die Umwelt und das Klima, ich höre immer Klima und Umwelt. Ach, der Regen, der kommt, wann er will oder gar nicht und die Gletscher laufen sich ab, die Alpen leiden unter Arthrose.

Verdammte Propheten, nun kommen die Berge unaufgefordert über unsere Bettvorleger, als gäbe es keine Hausklingel mehr.

XV

Politiker fahren Bus und holen den Wähler an den Haltestellen der Demokratie ab. Leider kommen sie unpünktlich oder gar nicht. Man muß den, alles in allem, unmündigen Bürger mitnehmen oder hochnehmen oder ausnehmen oder ernst nehmen. Verwechselbar bleiben Schuldner und Schuldiger. Die da oben, die da unten. Ich war's nicht. Demetrius fragt: Die Mehrheit? Was ist die Mehrheit? Mehrheit ist Unsinn; Verstand stets bei Wen'gen nur gewesen. Und die Scherenschleifer bleiben ratlos mit blutigen Fingern zurück. Erst klafft die Schere, dann die Wunde. Stumpf und scharf, reich und arm, Agitation und Argument. Alles klafft auseinander. Und vergib uns unsere Schuld, wie auch wir. Oder?

XVI

Helft uns, oh neue Parteien, treibt uns vor euch her und gebt uns morgen eins auf die Fresse, denn die Demokratie frißt sich gerade selbst auf. Und euch laufen sie hinterher, die saturierten Bürger, die sich als Wir-Kleine-Leute tarnen. Im blinden Spiegel die Salongesichter mit dem haarigen Rechteck aus Nasenlöcherabstand und Rotzrinnenlänge unterm Zinken. Liebe Patrioten mit den Stimmen von Kreidefressern oder Propagandisten. Ab zum Schönheitschirurgen, da ist noch was zu machen mit den Visagen im prähistorischen Zustand des Ariers. Eigentlich macht uns nur ein ungefärbtes Gemüt aus deutscher Treu und Güte vor Gott und Menschen schön.

XVII

Dabei wird jede Ecke des Raumes zum Universum, wo man Zuflucht findet, wenn der Schmerz klirrt. Und ohne die Muschel ans Ohr zu halten, fängt ein Urmeer an zu rauschen. Hinter geschlossenen Augen gelingt der erste Schritt über den Stechginster hinweg durchs feuchte Gras hin zur Düne. Ach, das Meer, so schön mit seinem eigenen Horizont aus Gutwetter. Aber die Tür ist geöffnet und die Wellen rollen an.

XVIII

Die Schreie der Möwen wandeln sich um in das Gelächter trunkener Männer, die wollüstigen Schreie von Frauen und das Gekrächze ihrer Kinder, die alle auf ihre Entlassung ins Paradies warten. Und ich kann übers Wasser gehen, umtost vom Applaus der Ertrunkenen. Schon taucht es auf, das Schiff mit sechs Segeln, das mich auf mein Eiland bringen soll, wo ich für den kurzen Rest meines Lebens von Ufer zu Ufer durchstarten darf. Seenotretter sind keine Helden mehr. Drei kurz drei lang drei kurz. Gilt nicht im Mittelmeer.

XIX

Bleibt das verheißene Land aus Tönen und windigen Worten, die sich zum Lied formen sollen, das in allen Dingen ruht. Ich höre nichts. Aber der Demütige ist duldsam, weil er weiß, wie sehr er selbst der Duldsamkeit bedarf; wer demütig ist, der sieht die Scheidewände fallen und erblickt sich, den Menschen im Menschen. Was für ein Urteil.

XX

Am Ende todmüde gebeugt über diesen beschädigten Tag, der verstummt. Die Welt tönt immer ferner. Eigentlich wollte ich Gerichtstag halten über das eigene Ich. Taub, stumm, blind. Bleibt das ratlose Schweigen der Vögel im Wald und dieses verfluchte Klirren im Hirn.

Es folgt Band II

Über den Autor Wolfgang Haak

Wolfgang Haak ist 1954 in Genthin (Sachsen Anhalt) geboren, lebt in Weimar. Nach dem Studium der Mathematik, Physik und Erziehungswissenschaften an der Friedrich-Schiller-Universität wurde er Lehrer und leitete bis 2019 das Musikgymnasium Schloss Belvedere, Weimar. Gründungsmitglied der Literarischen Gesellschaft Thüringens e.V., 2006 Gründer des Thüringer Literaturrats, Mitbegründer der Veranstaltungsreihe MelosLogos, Poetische Liedertage der Klassik Stiftung Weimar ab 2002. Mitglied PEN seit 2012.

2001 Erster Preis des Rheinheimer Satirelöwen für satirische Kurzprosa.

Neben den Gedicht- und Prosabänden „lebensumwege" (2001), „Treibgut – Warmzeit" (2004) und „Bagatellen, Opus Nr III" (2008) umfasst sein Werk auch die Romane „Der Sohn des Windmüllers" (2005) und „Zeitumstellung" (2014) sowie ab 1980 die Künstlerbücher „Lehmgehöfte" mit Klaus Werner, „Traumtore" mit Dietmar Zaubitzer, „Alter Gleisberg" mit Martin Max, „Mathilde, Walter und ich" mit Walter Sachs, „Unser tägliches Brot" mit Martin Max und „Scherkonde" (2018). – Er hat Aufsätze über die in Jena geborene Schriftstellerin Rahel Sanzara (Johanna Bleschke) sowie Briefe und Karten 1909 bis 1918 von „Walter Hasenclever an einen Jugendfreund" und „Pier Paolo Pasolini in Weimar" und „Schillers Spaziergang auf den Jenzig" herausgegeben.

Einiges weitere läßt sich auf Wolfgang Haaks Autoren-Website **www.whaak.de** entdecken.

Einige weitere Gedichtbände
im axel dielmann – verlag

Wolfgang Haak – Treibgut / Warmzeit

170 Seiten umfasst der erste Band, den ich 2004 mit Wolfgang Haak machen konnte, und bereits dies war ein im Grenzgebiet von Kurzprosa und Gedicht forschendes Buch. Es lotet zugleich die Residuen von Geschichte in unserer öffentlichen Sprache und ganz lokalen Geographie aus, „Wer zu dem Buch von Wolfgang Haak greift, tritt ein ins Mesozoikum und streift auch durch Scherkonde“, formulierte Kai Agthe im *Neuen Deutschland.* Und er meint: „Mit dem Rezensenten verneigen sich auch die in Texten wiederholt zitierten Kopf- und Trauerweiden in Demut vor dieser wundervollen Prosa. Denn Wolfgang Haak gelingt das Kunststück, jene Forderung einzulösen, die er in *Abglanz des Purpurs* auf die griffige Formel bringt: *Die Sprache muss neu erfunden werden, die uns Wirkliches mitzuteilen hat.*“

Judith Hennemann – Bauplan für etwas anderes

Ein Gedichtband, der die aktuellen Sprachmuster und unsere sich dahinter breit machenden Denkgewohnheiten und Lebensgewissheiten aufruft – Zweckdenken und political correctness, politische Radikalität und Wirtschaftlichkeitstaktungen, die immer weiter unsere Sprechen und Denken durchziehen, müssen den Gedichten von Judith Hennemann Rede und Antwort stehen. Nicht ohne Grund ist der *Bauplan für etwas anderes* gleichzweifach zu einem der wichtigsten Gedichtbände 2018 gekürt worden.

Olaf Velte – Ein paar Dichter

48 Seiten, von Hand in Schulheftbindung in der 16er-Reihe gebunden: Gedichte über die fünf Dichter Grabbe, Lenz, Büchner, Kleist und Reuter. Das Bändchen steht in unmittelbarem

Umfeld von Olaf Veltes Beschäftigung mit denjenigen Autoren, denen er auch Erzählungen gewidmet hat, die in derselbsten Reihe sowie in umfangreicheren Bänden erschienen sind. In den Gedichten über seine Dichter-Vorbilder nähert er sich ihnen in noch engeren, weiter verdichteten Situationen ihres Lebens und Schaffens: „was hält uns beisammen lässt / uns atmen im selben Takt schiebt / uns fort wie ein Lied ein krautig und / wuchernd Ding“, notiert er in **Felsenmeer** über Georg Büchner. – Weitere Gedichtbände von Olaf Velte sind **Ein Kragen aus Erde**, bei dem schon der Titel die Verbundenheit Veltes mit seiner Heimat Taunus andeutet, sowie der mit der Künstlerin **Vroni Schwegler** entstandene Band **Mengfrucht**.

Neben diesen Bänden sind in meinem Literaturprogramm Gedicht-Sammlungen von **Jannis Ritsos**, von **Paulus Böhmer**, von **Kiki Dimoula**, von **Gertrude Stein**, von **Asher Reich**, von **Manfred Peckl**, von **Martin Westenberger**, von Horst Peisker, von **Ewart Reder**, von **Harry Oberländer**, von **Dirk Hülstrunk**, von **Horst Bingel**, von **Esther Mohnweg**, von **Nikos Engonopoulos**, von **Ana Martins Marques**, von **Malcolm de Chazal** und von **Cesar Vallėjo** sowie die große Lyrik-Anthologie von **Ralf-Rainer Rygulla** und **Marco Sagurna „Der Osten leuchtet**“ mit Gedichten ost- und südost-europäischer Dichterinnen und Dichter erschienen – in der Lyrik scheinen momentan die wichtigsten und wuchtigsten Fragen der Literatur gestellt und am verläßlichsten eine Sprache für die tiefgreifenden und zukunftformenden Umgestaltungen unserer Welt entwickelt zu werden, unsere Autorinnen und Autoren sind dabei:

www.dielmann-verlag.de

Bleiben Sie neugierig – und kontaktieren Sie uns gerne:

neugier@dielmann-verlag.de